本书受北京科技大学冶金工程研究院基础理论研究基金资助，项目编号 YJ2010-025。

高校社科文库
University Social Science Series
教育部高等学校
社会科学发展研究中心

汇集高校哲学社会科学优秀原创学术成果
搭建高校哲学社会科学学术著作出版平台
探索高校哲学社会科学专著出版的新模式
扩大高校哲学社会科学科研成果的影响力

杨　子/著

言语交际的关联优选模式及其应用

An Optimality-based Inferential Model for Relevance-theoretic Verbal Comprehension

光明日报出版社

图书在版编目（CIP）数据

言语交际的关联优选模式及其应用 / 杨子著. -- 北京：光明日报出版社，2011.3（2024.6 重印）

（高校社科文库）

ISBN 978-7-5112-1006-7

Ⅰ.①言… Ⅱ.①杨… Ⅲ.①言语交往—研究 Ⅳ.①H019

中国版本图书馆 CIP 数据核字（2011）第 003266 号

言语交际的关联优选模式及其应用

YANYU JIAOJI DE GUANLIAN YOUXUAN MOSHI JIQI YINGYONG

著　　者：杨　子

责任编辑：田　苗　曹美娜　　责任校对：余　霞　娜仁·格日乐

封面设计：小宝工作室　　责任印制：曹　净

出版发行：光明日报出版社

地　　址：北京市西城区永安路 106 号，100050

电　　话：010-63169890（咨询），010-63131930（邮购）

传　　真：010-63131930

网　　址：http://book.gmw.cn

E - mail：gmrbcbs@gmw.cn

法律顾问：北京市兰台律师事务所龚柳方律师

印　　刷：三河市华东印刷有限公司

装　　订：三河市华东印刷有限公司

本书如有破损、缺页、装订错误，请与本社联系调换，电话：010-63131930

开　　本：165mm×230mm

字　　数：202 千字　　印　　张：12

版　　次：2011 年 3 月第 1 版　　印　　次：2024 年 6 月第 3 次印刷

书　　号：ISBN 978-7-5112-1006-7-01

定　　价：65.00 元

序 言

1986年斯波伯和威尔逊（Sperber & Wilson）提出关联理论，将认知与语用研究结合对言语交际做出解释，描写自然语言的理解过程，在语用推理研究领域确立了不可撼动的地位。但此理论在本质上也存在一些问题，即认知关联与交际关联两条指导原则过于宽泛、限制性极弱，导致理论的笼统性与应用主观化。一方面无法在语言操作的微观层面给出具体操作方案，对现象的解释力不足；另一方面界定上的模糊引发追随者对该理论应用的随意性，对佳联假设的主观解释、在关联话语解读机制运作过程中的偷换概念等现象时有发生。

本研究以关联理论中的核心假设——最佳关联假设及其派生关联话语解读机制为出发点，旨在通过对语言学其他领域方法论的借鉴与融合，改良现有关联理论运作机制，并在此基础上提出一种关联优选推理模式，使其与原有关联理论相比，对言语现象具有更强的解释力，与现有关联推理机制相比，具有更高的可操作性，在理论精细化的道路上更进一步。

现有绝大多数关联理论与其他推理学说的整合研究从理论互补角度出发，避开各理论的内在问题，通过扬长避短的方式进行理论结合，能从真正意义上修正、完善关联研究的理论结合还较少见。而本研究有别于现有相关研究之处，就在于此处的理论结合不采取问题回避策略，不以理论融合为根本宗旨，而以对关联理论的修正为目的，因此本文建构的“关联优选推理模式”中关联与优选不是并列的成分，而应被理解为“关联话语解读之优选推理模式”。

概言之，本文的核心主要有两部分——对优选推理模式之关联前提的建构和对关联话语解读之优选模式的建构。

具体而言，本文首先将关联理论主观性强、可操作性差等宏观问题落实到微观操作层面，分析了关联理论对言语交际解释力的三大主要制约因素：由关联理论对格莱斯主义交际观的继承及其从释话人角度出发对话语解读的研究二者间矛盾造成的关联期待与说话人意图不一致问题；因为忽视释话人对话语隐含意图确定性程度这一问题，造成的对隐义界定的简化；由“关联”的对象与所指、“说话人的能力与喜好”等关键概念界定朦胧、严谨程度不够造成的关联解读机制中的多重矛盾问题。

对关联优选模式之关联前提的建构，一方面要确保将要建构的模式能够有效避免现有关联推理存在的上述问题，为对关联推理的优化以及基于关联优化的优选推理模式根本理念的提出做准备，另一方面要为关联优选模式生成、评估机制中各类具体制约条件及其等级排序的建构提供素材。这部分对被关联理论忽视或误视的、而在优选模式建构中又是举足轻重的三大关键概念进行精细化阐释及拓展性分析——关联期待的动态性及其在推理过程中的运作、认知效果性质分类的复杂性及其对推理性质的影响、语境假设调用的多元性及其在推理进程中的体现。

基于上述关联前提的建构，在优选推理模式中我们从释话人角度出发通过原型范畴概念对言语交际内容进行描述（对语用推理对象的重新界定）；对最佳关联假设底线与上限假设分层分步进行具体化描述（修正原佳联假设中模糊含混及内部矛盾的问题）；将修正后的佳联假设降级为释话人话语解读机制中的子原则（对关联话语解读机制与佳联假设间被派生与派生关系的更正）。这便是关联优选推理模式的根本理念。

鉴于动态在线推理与优选静态性的冲突，关联话语解读之优选推理模式的建构为优选方法作了变通，主要体现在生成机制的独立运作、评估机制中制约条件的动态/静态性和相对/绝对性、生成机制与评估机制间的互动、候选项进入评估机制的顺序性、优选项的非唯一性。在此基础上对关联优选推理模式的建构主要分为以下几步：对生成机制内语境假设调用制约条件序列的建构；对评估机制内静态制约条件序列、动态制约条件变化方式及动静态条件间互动关系的描写建构；对生成机制与评估机制间互动关系的描写。如此建构的关联优选模式对语境假设调用中的协商性、认知效果候选项生成的有序性、认知效果优选项的产出及性质判定、认知效果数量的有定性、关联期待的动态满足方式、话语解读的终止位置及各类终止方式等均能做出确切描述。

最后，应用该模式对不同层面语言现象进行分析，以检验其解释力。一方面探讨了词汇语用层面上关联理论无法解释、至少是无法解释透彻的在线交际中词义突变和词义增强现象，另一方面涉足了关联理论从未涉及过的句法—语用界面现象—论元结构构式。在此过程中本研究发现，由于关联优选模式涵盖了现有关联推理研究不具备的对认知效果性质的描写，所以对词汇语用学的解释力度超越了原关联理论，不但能实现后者在该领域无法兼顾的解释概括性与精细性的并重，还能为后者不能解释的临时词义突变现象及一类特殊的临时词义扩充现象做出解释；另外，关联优选对论元结构构式研究也有一定的启示，通过基于关联优选的线性构式分析，可以为构式的原型性研究提供新的解释，同时也能为构式语法难于解释的、句内语境或情境语境下同结构异构式现象提供描写与判定机制。

CONTENTS 目录

第一章

研究出发点

1.1 本研究的题旨

关联理论源于又高于格莱斯会话含义学说，它将认知与语用研究结合起来对言语交际做出解释，描写自然语言的理解过程。作为认知语用学的开创之作，在从1986年问世至今的二十余年中，该理论受到了学术界的广泛关注，目前国际上涉及对关联理论讨论的书籍和文章已逾千篇，尽管学界对其评论褒贬不一，但无非分为两派，褒扬派在肯定关联理论解释力的基础上，尝试应用该理论对语用学及语言学其他领域，如音系学、句法学、词汇学、篇章学、二语习得等学科的现象做出解释性分析，同时关联理论的触角还延伸到了翻译学、文学等跨学科领域；批判派则从语用学、认知科学、社会学等各方面提出质疑，揭示关联理论的缺陷，甚至还将这种讨论上升到了哲学高度。这两派观点基本处于对立状态，相互争论、驳斥的现象时有发生，但对两派观点的架桥式整合（即同时吸取两派观点的精华，在参考批评意见的基础上改进已建构的理论，丰富、增强关联语用推理机制的解释力）却相对少见。本研究尝试以关联理论中的核心假设——最佳关联假设及其派生关联话语解读机制为出发点，旨在接受对关联推理运作方面合理批判的基础上，通过对语言学其他领域方法论的借用与融合，改良现有关联理论运作机制，提高理论解释力，并促使其在理论精细化的道路上更进一步。

1.2 现有研究存在的问题及本研究的理据

关联理论虽然在对语境的认知性质和互显性质的确立，对显、隐义的重新定位，对关联变量、语境常量概念的彻底颠覆，对语用推理的非论证、非琐碎、演绎删除性质的提出等方面做出了极大的贡献，但辉煌的成果并不能掩盖其不足，学界的批评也是多方面的，尽管不排除有些学者的批判产生于对最大关联与最佳关联的混淆或是对认知交际理论能否纳入社会因素等的多余担忧，但关联理论在本质上的确存在一些被大家普遍认同的问题。

其中最主要的问题是交际关联原则是一条特大原则，无法在语言操作的微观层面上给出具体的操作方案，具体而言，关联是个相对的、有程度之分的概念，决定话语关联性的语境效果与推理努力均为变量，它们二者间的相互制约使该理论陷入了“难以自救的矛盾循环”（何自然、冉永平，2001）。在关联理论的后期发展中它意图用“对关联期待的满足”来解决这一问题，提出话语解读程序终止于关联期待的满足，然而“关联期待”本身也是没有得到充分阐述的、动态变化的、朦胧概念，这使得该问题本质上并未好转。

不但关联期待未被清楚阐释，“关联”的对象与所指、“认知效果”的性质、“说话人的能力与喜好”等多个关联理论的关键概念都有歧解，严谨程度不够，造成追随者对该理论的应用五花八门，为达到各自的研究目的，对佳联假设的主观解释、在关联话语解读机制运作过程中的偷换概念等现象时有发生，这也是关联理论成为万能理论、难于证伪的一方面原因。由此可见，关联理论要发展，精细度的提升是势必要解决的问题。

关联理论应用上的主观性还来自于其方法论本身，一切关联语用推理以认知关联与交际关联两条大原则为指导进行，理论缺乏对具体的、行之有效的推理模式的建构，一旦推理模式得以建构，不仅理论笼统性、应用主观化的问题可以得到解决，理论的精细度也会随之上升。优选论的形式化做法及其中体现出的对制约因素和其可违反度的严格排序，是该理论具有较高的客观性与较强的可操作性的源泉，而关联理论正是由于指导原则过于宽泛笼统、应用过程中的限制性极弱、主观性太强，才导致了人们对其解释力的怀疑。若能将优选的方法借鉴到对关联推理机制的描写中，无疑会对提高后者的客观性与可操作性非常有益，因此在优选论的方法论框架上建构关联推理模式是很有前景的。

具体来讲，人们在描写语法时常使用语法规则（rule）这一术语，语法的精确性正是来自于规则的不可违背性，在研究语用学时却要使用语用原则（principle）及准则（maxim）类的术语，原因在于语用方面的规定往往都是可违反的，正由于此才造成了语用问题的模糊性，在优选论产生前，这两种方法论相互对立，无结合的可能。而源于音系学的优选论，描写的是具有高度严密性与精确性的音系规则，避免了语法理论（如转换生成语法）中的绝对性，它不再认为制约条件是不可违反的，而是认为制约条件都具有不同程度的可违反性，人们的选择是优选的结果，被选中的对象并不需要符合所有的限制条件，而只需要是在众多被选对象中违反的限制条件最不重要的一个。这种做法在规则与原则中找到了折中的方案，有效地结合了两种方法论的优势、避免了其缺点，同时也为语用研究向精确化方向靠拢找到了突破口，也就为在线推理过程中交际关联原则在运行和体现方式上的具体化、明确化提供了理据及方法论支持，优选方法论基础上的推理模式建构也就有了理论上的可行性。

1.3 本研究的目的

总体来说，本研究的目的在于避免现有研究对关联理论的盲目推崇或批判，客观公正地汲取双方观点精华，突破单纯的评价模式，迈出在理论修正的基础上优化关联推理的一步，改变关联理论在解释语言现象过程中过于主观的现状、改良现有关联推理运作机制，并进行一定程度的形式化尝试，以求更客观、严谨地解释语言现象，并为某些现有主流研究路向带来新的视野或启示。具体来讲，本研究要达到以下几个目的：

第一，细化对关联理论的宏观合理批判，将其具体化到微观层面，即在理论的微观操作层面上找出导致这些批判的具体原因，为对关联推理的优化把握方向。

第二，讨论关联推理在微观操作层面上存在问题的具体解决办法或修正方案。

第三，整合对关联推理的优化，并以此为理论根基，借用优选论的方法建构具有一定形式化程度的关联推理模型，制作关联优选推理模式运作机制详图，降低关联推理的主观性，增强可操作性。

第四，在对实际语言现象的解释中检验所建构推理模式的合理性。

第五，应用建构的推理模式为先前关联推理不能或尚未涉及的语言研究领域提供新的研究视角与启示，同时也细化或加深对某些语言现象的认识。

1.4 本研究的研究方法

本研究主要采用理论驱动（theory-driven）的定性研究方法，即以理论为指导结合语料做定性分析，通过思辨分析的方式对解释性语言学理论——关联理论作补充修正，并在此基础上尝试部分形式化的推理模式建构。Wilson 在 2006 年广州外语外贸大学举办的语用学研讨班上回答问题时，曾明确说到关联理论没有尝试过对推理模式的建构，关联话语解读机制也不可被误读为关联推理模式，本研究中的模式建构没有现成参照，是在所收集语料的初步分析的基础上得出假说，然后再回归到语料加以验证，可概括为分析语料—提出假设—回归语料—假设得证的过程。

1.5 本研究的语料来源及使用

本研究的语料主要采自当代小说、杂志、剧本、电视剧、日常生活中的汉语或英语对话等，同时也有对语用推理研究中一些经典语料的翻用，此外亦有少数按照语感、通过内省方式人工合成的语料，这种多方面多性质的取材方式有其必须性：对经典语料的翻用主要是为了分析、对比原有解释与本研究所提供解释的不同，清晰地反映对理论的修正所在及新建模式的特性；对新鲜语料的使用一方面是为了拓展所考察语言现象的类型与范围，为关联推理的优化及在其基础上的推理模式建构提供更全面丰富的语料支持，另一方面是为了测试优化后关联话语解读机制及新建构推理模式的解释面；内省得出的人工语料往往以同一语境中一组有对比性的答语形式出现，旨在为关联推理的优化及推理模式建构中对某些特定概念或步骤的分析提供思辨的材料。

还需要说明两点：一是由于大部分书面语及描述性话语等语言材料，其受众往往较为宽泛模糊，如小说，其读者是内部差异性很大的一个群体，没有明确单一的话语指向对象，为研究方便，本研究中的语料，特别是关联推理的优与推理模式建构中使用的语料，大多是具体语境下的、说话人与释话人所指明确的、对话性质的语料。二是由于本研究探讨的是语用推理的运作机制，其间虽涉及社会、文化等方面因素，但它们与其他语境因素一样，以语境假设的形式出现，以被调用假设的身份影响推理进程，在对推理的研究过程中不具特殊性，因此中、英文语料在使用过程中的语种差别基本被忽略。

1.6 本研究的框架

本文由七章组成，可进一步分为三大部分，第一部分（一、二章）为研究的概述，三到六章为研究的主要部分，第七章独自为第三部分，是全文的总结。

第一章是整个研究的介绍，提出选择本研究的动机、出发点、该研究要达到的目的、预定研究方法及研究所用的语料来源和选择原因等。第二章是对关联理论内容、研究现状、褒贬评述以及现有涉及关联理论的理论整合类研究的简要回顾，为本研究主体部分对关联理论的探讨角度、对象及方式的选择提供背景介绍及一定的理据支持。

第三章将关联理论的主观性强、可操作性差等宏观问题落实到微观操作层面，以便找到理论修正的出发点；第四章着手建构关联优选模式的关联前提，分析微观操作层面上导致现有关联推理陷入困境的主要因素，对关联理论忽视或误视的几个朦胧或有争议的推理关键问题予以深入分析，以便为优选推理模式的理论根基或者说建构基础的提出做好铺垫，同时也为优选模式内部生成、评估机制的具体建构提供素材；第五章在上文研究的基础上正式展开对现有关联推理中存在问题的修正，并以修正后的理论主张为根基，指导对关联优选推理模式的建构；第六章通过该模式在不同层面语言现象上的应用验证新建推理模式的解释力，由此也为某些语言现象提供新的研究视角，并引起人们对某些尚被忽视的语言现象的关注。

第七章在总结全文主要观点、成果的基础上提出本研究的局限性，为将来的进一步研究提供参考建议。

第二章

关联理论研究综述

2.1 关联理论概述

关联理论由斯波伯和威尔逊于1986年在《关联性：交际与认知》一书中提出，作为认知语用学的开山之作，以阐述“人类交际内在机制”（1986/95：32）为目的的关联原则一经提出便引起热烈讨论，作为在语言学界活跃二十余年、至今仍被广泛讨论和应用的理论，其影响力之大可见一斑。

2.1.1 关联理论主要观点

关联原则①有两大条：认知关联原则与交际关联原则，前者认为“人类认知倾向于同最大关联相吻合”，后者认为“每一则明示交际行为都应被设想为自身具有最佳关联”，一般学界主要讨论的是交际关联原则。

交际关联原则中的关键概念“最佳关联假设”有两条：一是“明示刺激足够相关，值得释话人付出努力处理”；二是“该明示刺激传达的是符合说话人能力、喜好限制的最大相关”。

其中相关度的大小由两方面决定：一方面，“认知效果越大则越关联”；另一方面，“获得认知效果所需的处理努力越小则越关联”。认知效果通过三种方式产生：增强原有假设、与原假设矛盾进而取消原假设、与原假设结合生成语境隐含。而处理努力则受承载信息的语言表达复杂度和语境可及度等因素的影响。

---

① 关联理论在1986年提出后，于1995年再版时作者对原理论做了些调整与修正，我们以修正后的版本为准；另外此处对关联理论中的概念仅给出了中文介绍，对这些概念的定义原文及其讨论，详见第三、第四章。

上述关联理论主要观点是关联话语解读机制的运作基础，在关联理论的后续发展中，斯波伯和威尔逊明确提出了关联话语解读程序，认为话语解读是沿最省力的路径、按照语境可及度依次得出的过程，它终止于关联期待的满足。

2.1.2 关联理论主要贡献

关联理论偏离了格莱斯主义在哲学高度对意义的描写，将语用推理与对认知层面因素的考虑相结合，提出具有心理可行性的推理机制，具体来讲，关联理论开篇便探讨了交际模式的问题，在分析了单纯编码—解码模式与推理模式的优点与弊端后，对二模式进行融合，首次明确了话语交际具有以推理为主、编解码为辅的“明示—推理”（ostensive-inferential）性质，从而解决了以往单一交际模式不能解决的一些问题；在关联理论产生前，占统治地位的格莱斯语用学说认为交际双方的共享知识是交际发生的基础，但这种观点太过绝对，关联理论用认知语境的互相显映取代上述概念，更符合我们直觉中交际的或然、概率性质；格莱斯含义学说认为只有隐义才需要语境推理，显义不涉及推理，而关联理论学者提出不确定性原则（the principle of undeterminacy），深入发掘了显义的性质与产生机理，揭示了指称确定、解歧、命题充实、词义扩充与收缩等显义推理过程；格莱斯语用学说认为语境是常量，关联是合作原则下的一个可以违反的准则，而关联理论与此相反，将关联作为已知项，通过对相关认知语境的寻找、调用来实现对话语的解读，由此也避免了合作原则各准则间的重叠或矛盾冲突等问题；关联理论较先前研究还详细讨论了推理的性质问题，明确了语用推理的非论证性、非琐碎性、删除性演绎推理性质，超越了含义推理中“原则遵守与违反”类的宏观、笼统研究，为展开对具体推理过程、步骤的微观探讨奠定了基础。

2.1.3 关联理论目前发展状况

关联理论从提出至今引起了很大的反响，经过二十多年的发展，其研究对象远超出了《关联性：交际与认知》一书的探讨范围，不仅包含对各类修辞手法（Hamamoto，1998；Papafragou，1995；Sperber&Wilson，2006 等）、礼貌（Escandell，1996，1998；Jary，1998 等）、幽默（Kotthoff，2006；Ritchie，2005 等）、话语标记语（Blakemore，2002 等）等语用学问题的研究，还涵盖了对句法学中时态、语态、情态（Arin，2003；Smith，1990；Wilson&Sperber，1998；Zegarac，1993 等）等的研究，对篇章语言学中语篇分析、衔接连贯（Giora，

1997，1998；Wilson，1998 等）等的研究，对词汇学特别是词汇语用学（Wilson，2004，2006）的研究，对语音学、音系学中声调韵律（Curl，et al. 2006；House，2006；Wilson&Wharton，2005 等）等的研究，此外，基于关联理论的研究还跨越了学科界限，发展到了文学（Chapman&Routledge，1999；Clark，1996；MacKenzie，2002 等）、翻译（Gutt，1991 等）、二语习得（Carroll，1995；Foster-Cohen，2004a，b）等方面，近年来还兴起了对关联理论的实证研究（Matsui，1998；Noveck，2004；Noveck&Sperber，2007 等），通过基于认知心理学等的实验来检验关联理论的心理现实性。

对该理论发展情况的全面介绍，国际上有专门的 Relevance Theory Online Bibliographic Service 网页，提供所有关于关联理论的文章、著作等的分类检索信息，并时时更新。有关关联理论发展情况的较为详细的总体评介，国外部分可参见尤斯（Yus，1998）的“*a decade of relevance*”一文，国内部分可参见李冬梅（2002）《近十年来关联理论在中国的研究》一文。

2.2 关联理论面临的主要批评

从关联理论提出以来，人们对它的评论总是褒贬参半的，对它的批判不但来自于语言学界本身，同时也有哲学、社会学等各领域的参与，我们将其简要概括为以下几大方面。

2.2.1 来自哲学角度的批评

哲学角度对关联理论的批判首要是对其方法论的批判，卡明斯（Cummings，1998）探讨了关联理论中分析型（analytic）与综合型（synthetic）信息的区分，对概念逻辑项（logical entry）、百科项（encyclopedic entry）的划分，对交际的非论证性演绎推理性质（non-demonstrative deduction）的描述，以及对这种推理中假设验证（hypothesis confirmation）逻辑性质的定性，认为上述种种均是科学简化主义（scientific reductionism）的体现，方法论上的这一问题使得关联理论根基上存在不可避免的缺陷，不可能如实反映交际的认知过程。

对关联理论较有影响的批判还包括其不可证伪性（non-falsifiability）（Huang，2001 等），这些学者认为如果关联理论可以解释一切交际现象，而不存在任何反例，便很难对理论本身作出评价，因为它不符合科学理论鉴定的最起码标准，即“那些基于经验的理论（语言学正好是这样的理论）其正确性只有可能受到反驳，而不总是予以肯定”（Popper，1973；转引自何自然、吴亚欣，2004），由此认为关联理论站不住脚。

此外，皮塔瑞南（Pietarinen，2005）也从哲学高度对关联理论既继承格莱斯交际观，却又存在对格莱斯观点的片面解读，进而造成关联理论自身的温和简化主义这一问题进行了评论（详见第三章）。

最后，对关联理论的哲学批判还在于它对人在推理过程中的主体性强调不够（Wilks，1986；曲卫国，1993），重视了人的认知结构，却忽视了主体的目的性、信仰体系等因素，这与皮塔瑞南的观点具有深层相似性。

2.2.2 来自社会学角度的批评

关联理论从认知的角度、从心理特征出发研究交际，因此很多学者攻击它的一个焦点就是它忽略了交际的社会性（Goatly，1994；Mey，1993；Mey & Talbot，1988；Talbot，1998 等）。关联理论将交际主体间的差异视为由人类物理环境及认知能力不同造成的个人认知环境的差异，过多强调了个人的认知环境，而忽视了社会文化因素对话语理解的影响，甚至有观点认为关联理论是与社会格格不入的反社会（asocial）模式。

2.2.3 来自语用学角度的批评

来自语用学内部对关联理论的批判也有不少，内容及对象也较为零散多样（参见 Yus，1998 等），难以在较短篇幅内介绍全面，因此我们重点关注关联理论的具体推理运作方式，在该方面的批评可以用一个词概括，即其模糊性：由于认知效果与处理努力大小的模糊性造成对最佳关联的确定的模糊性（何自然、冉永平，2001；曲卫国，1993 等）、关联这一术语所指对象的模糊性（Giora，1997；姜望琪，2001；熊学亮，2006 等）、关联原则的多解性（姜望琪，2001，2002 等）等，关联理论的上述种种模糊、笼统性进而造成了理论应用上的主观性过强，引发对关联理论解释力的怀疑及可操作性不高的批判。

2.2.4 小结

对关联理论的批评是来自多方面的，列文森（Levinson，1989）作为反对派的代表人物之一，更是对其做出了全方位的评论，受篇幅等的限制，上述对各类评论的介绍可能并不全面，但已代表了对关联理论的主要反对意见，虽然其中也存在对理论本身理解错误而造成的欠妥的评价，且关联学者斯波伯、威尔逊、卡斯顿（Carston）、布莱克摩尔（Blakemore）、尤斯等人也对各类反对观点做出了回应与反击（具体内容与下文无关，此处略去），但撇开反对观点的具体内容不谈，宏观地审视各类批判角度及由来也具有一定意义，能够丰富加深我们对关联理论的理解与认识，引发对它的进一步思考，为从语言学角度对关联理论的具体微观分析打下更全面的基础。

2.3 关联理论与其他理论结合的研究现状

虽然关联理论支持派与反对派间的相互反击与争论在关联理论的评价领域占据主流地位，但温和的折衷派已有显现的苗头，出现了将关联理论与其他理论或方法论结合，以提高对交际解释力的尝试，主要有以下几种：

2.3.1 关联与语言顺应论的结合

杨平（2001）与冉永平（2004）将关联理论与顺应论结合分别提出了言语交际的关联—顺应模式与顺应—关联模式，尽管前者是基于说话人角度的话语使用模式，而后者是对话语产出与理解的整合模式，但二者的大体思路基本相同，就是以最佳关联为取向、进行顺应与选择，这种结合的确突出了二理论的优势互补，但由于语言顺应论亦是从宏观出发的，对具体某个语境或语言结构的顺应、选择的描述也较为笼统、模糊，不可能修复或是弥补关联理论在此方面同样的主观性缺陷，因此也无法提高微观层面上的理论细度。

2.3.2 关联与合作原则及语言顺应论的结合

廖巧云（2005）认为合作原则未能说明获取含义的手段、关联理论主观性过强且缺乏降低主观程度或减少理解或然性的手段、顺应论缺乏顺应的基础和方向，便将三者结合互补，在其共同基础上提出 C-R-A 模式，旨在集哲学、认知和社会三大视角的研究优势于一体，合作是成功交际的先决条件、关联是其必要条件、顺应是其调节机制。虽然该模式丰富了对交际机制的宏观描写，但在话语解读的具体微观层面却没有任何改善，对关联理论本身可操作性的提升也并无太大意义。

2.3.3 关联与心理空间及空间复合理论的结合

将关联理论与心理空间理论及在其基础上发展的空间复合理论结合的研究主要有佳彦（Yoshihiko，2005），郎天万、蒋勇（2002），蒋勇、马玉蕾

(2003)等，他们将关联与心理空间二理论的结合研究与前文讨论的两种理论结合方式相似，无非是用关联来描述限定各心理空间之间的关系，这种结合仅是对“关联”这一宏观概念的应用，对丰富关联理论本身并没什么意义；关联与空间复合的结合却在一定程度上真正迈出了修正关联理论的一步，在这种结合中“关联理论指导认知者去各心理空间中选取相关联的概念结构，将其投射到复合空间；复合空间的涌现结构具体体现概念间的语用关联”（朗天万、蒋勇，2002：76)，关联理论对推理过程中语境假设的调用与提取仅以语境可及度来描述，过于笼统主观，心理空间的各类复合方式及复合机制可以为假设的选择与推理过程提供较为具体的理据，这种理论整合不失为改进关联理论的有益尝试，但它也仅能在关联话语解读中涉及逆证推理的部分起到细化操作的作用，而难以拓展应用到对整个在线推理过程的描写。

2.3.4 关联与优选论的结合

优选论应用于语用推理是最近几年新兴的研究，且由于优选论本身静态性的限制，优选与格莱斯及新格莱斯语用推理结合较多（Blutner&Zeevat, 2004)，主要探讨话语形式与内容两方面在说话人省力与听话人省力二重制约原则影响下的权衡与双向优选；关联理论因为是具有心理现实性的描述动态在线推理的理论，因此将其与优选的结合较为鲜见，只有在新格莱斯与优选的结合、对一般会话含义的解释遇到问题的情况下，才出现了以关联原则作为宏观限制条件的尝试（van Rooy, 2004)，从实质上讲并不是对关联理论的优选论描述，还不是真正意义上的理论结合，对这两个理论结合的突破口尚未找到，而本研究便意在解决这个问题。

此外，目前还出现了关联理论与博弈论解释语用推理的对比研究（Allott, 2006)，但二者的整合尚未成形。

2.4 结语

本章对关联理论主要内容及其对语用推理的贡献以及内部存在的问题作了简要的介绍，通过对该理论的综合审视，明确了下文对推理模式的关联前提建构的切入点——在兼顾对关联理论各方面问题综合考虑的基础上从其内部运作机制出发寻找制约关联推理解释力的主要因素及其解决办法；此外，本章还简要回顾了关联与其他推理理论整合研究的情况，由此说明绝大多数结合型研究是从理论互补角度出发，对各理论的应用往往是扬长避短，而不会对各理论内部存在的问题进行有针对性地补充修正，因此目前能从真正意义上丰富、完善关联研究的理论结合还较少见，而本研究有别于所有这些现有研究之处，就在于我们将要探讨的理论结合不会采取问题回避策略，而是与此相反，以解决问题为目的，通过对关联理论缺陷的定位、弥补与修正，正面应对现有关联推理存在的问题。

第三章

关联推理解释力的主要制约因素

3.0 引言

上文简要介绍了学术界从不同角度对关联理论中存在问题的批判，其中对理论根基问题的争论不是本研究要讨论的内容，学者们已经给出了精彩的对答（参见何自然、吴亚欣，2004），而来自社会学角度的质疑也主要是由对关联理论理解不深所致，并非理论本身的缺陷，本章旨在参考对理论改进具有建设性意义的主要反对观点，探讨它们在理论运作具体、微观层面上的反映，即探讨关联语用推理解释力的主要制约因素，以便为关联推理的优化及在其基础上对关联优选推理模式的建构做好前期准备。我们认为关联理论的主要问题具体化至指导语用推理的实际操作层面，主要可分析为以下三点：关联期待与说话人意图不一致问题、对隐义的界定问题以及关联解读机制中的多重矛盾问题。

3.1 关联期待与说话人意图不一致问题

关联理论虽属于后格莱斯（post-Gricean）含义理论的一种，但从本质上讲还是格莱斯主义的沿袭，在《语用学手册》（Ward & Horn，2004）中斯波伯和威尔逊为"关联理论"条目所作的解释中开篇便提到：

Relevance theory may be seen as an attempt to work out in detail one of Grice's central claim: that an essential feature of most human communication, both verbal and non-verbal, is the expression and recognition of intentions… (2004: 607)

可以说关联理论是在尝试对格莱斯的一个主要观点进行详细探讨，这个观点就是：绝大多数人类交际（无论是言语交际还是非言语交际）的一个本质

特征是**意图的表达与识别**。（黑体为笔者所加）

也就是说关联理论明确继承了格莱斯的交际观。利特尔约翰（Littlejohn，1999）将迄今以来数以百计的对“交际”的定义与理解归结为三种大趋势，借用他的表述，格莱斯的交际观属于第一类，即“交际应被限定为有意图的向他人传递的、且为他人所接收到的信息（1999：8）”（Communication should be limited to messages that are intentionally directed at other persons and received by them）。在这种交际观的指引下，格莱斯会话含义理论是以说话人角度为出发点，描述说话人在发话时应遵守的原则及准则，及说话人通过故意违反准则来传达话语隐含的方式。厉头约翰还总结出了第二类交际观——“交际应该包括对接收方有意义的任何行为，无论这些行为是交际发出者的意图与否（1999：8）”（Communication should include any behaviors that are meaningful to receivers in any way，whether intended or not），不难看出它与第一类交际观在研究出发点上存在本质的不同。关联理论意在描述听话人话语解读的过程，作为解释交际理解过程的理论，它明显是以释话人为研究出发点，而从释话人角度出发的交际观应属第二类交际观。但是关联理论未认识到这一点，它对格莱斯交际观的继承便是对两种研究体系的混淆，本质上是以释话人或者说交际接收方为出发点，却实践着从说话人即交际发出方出发的交际观观照下的研究。皮塔瑞南（2005）从哲学高度上对关联理论的评论也印证了我们此处的观点，他认为“关联理论并未将听话人的作用完全纳入研究范围（2005：1771）”（In RT，…the hearer's role has not been incorporated in full），并进一步解释道：

…the reason for the mild reductionism advocated by Sperber & Wilson lies in the unpremeditated domination of Grice's original proposal，in which he laid considerable emphasis on the role of speaker-meaning in linguistic comprehension. Grice's followers took his suggestions too literally：he never claimed that by focusing on what is different and what is similar in speaker-meaning vs. Literal meaning one would reach an exhaustive account of what linguistic and logical meaning amounts to in general.（2005：1771）

……格莱斯最初的观点特别强调话语理解中说话人意义的作用，但其追随者们对他这一观点并未仔细考虑，使得对该观点的一种草率解读成为了主流，斯波伯和威尔逊的温和简化主义就根源于此。他们仅是理解到了他的某些建议的字面含义，事实上，格莱斯从来没有说过，通过集中关注说话人意义与字面意义的异同，就可以从总体上得出对语言意义与逻辑意义的穷尽性描述。

重点关注说话人意义与字面意义的不同是从说话人角度出发的语用推理的主要目的，但从听话人角度出发的语用推理关注的应该是话语传达的全局意义，从话语发出开始，其所能传达的信息就已经脱离了说话人的完全掌控，除了对说话人意图的解读外，话语还可以传达多种说话人未意识到的、却也并非无据可寻的信息，如当某人在会议上严肃地说到“明天的接待工作中女性一律不准穿裤子”时，由“不准穿裤子”引发的歧义绝对不是其意图传达的信息，但同样被听话人解读，并得出了幽默的效果。该问题我们在下文还要详谈，此处简要提及，旨在说明格莱斯从说话人角度出发研究交际，因而主要关注说话人意义的传达与解读，关联理论从释话人的角度出发，却仍以从说话人角度界定的言语交际为研究对象，自然会造成对释话人在言语交际中所起作用研究的不足，这也部分印证了威尔克斯（Wilks，1986）、曲卫国（1993）等学者对关联理论对人在推理过程中的主体性强调不够这一批判，且该方法论上的缺陷直接导致了基于关联的话语解读机制在运作过程中的前后矛盾，即推理指导因素（关联期待）与推理目标（说话人意图）不一致的问题：

关联理论一方面认为交际的目的是对说话人意图的识别，另一方面认为话语推理终止于关联期待的满足。虽然交际过程中释话人关联期待得到满足时的话语解读常常与对说话人意图的解读一致，但从本质上讲，释话人对说话人意图的正确解读是从说话人角度界定的交际观中交际成功的衡量标准，而释话人关联期待的满足与否是从听话人角度界定的交际观中交际成功与否的关键，二者是不同性质的概念，不能简单加以等同，二者在实际的交际中并不总是一致。举一例说明：

例 3.1　A：王工出国回来了吗？
　　　　B：他什么时候出国了？

在 A 发问后会对 B 的答语产生关联期待，期待她对自己的问题给予相关回答，然而 B 并没有给予 A 信息（information-giving）的意图，相反她发话的意图是进一步索取信息（information-seeking），对发话人 B 来讲，只要 A 解读到她索取信息的意图，交际就算成功，而对释话人 A 来说，交际成功不能仅停留在对 B 信息索取意图的解读，他必须推理出对自己原初期待直接或间接的解答（如该例中A通过B向他索取的信息内容可推断B不知道王工出国一事，那么她很有可能更不知道王工是否已回国），无论这层含义是说话人的信息意图与否，释话人只有得出满足自己期待的解读后才会终止推理。

由此可见，说话人意图与听话人期待是两个不可等同的概念。皮塔瑞南对关联理论“并未将听话人的作用完全纳入研究范围”的批判也正是植根于关联理论这种从释话人关联期待出发、却只关注说话人意图解读的做法。我们认为，斯波伯和威尔逊之所以采取格莱斯的交际观，将释话人对话语的解读限定在对说话人意图的识别，是因为“明示刺激具有最佳关联”这一假设只有通过如此限定才能成为可能，一旦释话人的推理超出了说话人意图他推理的范围，便不能保证以最省力的方式得出的第一个符合期待的解读就是正确的解读，关联原则就不再适用，关联理论对这些非说话人信息意图的意义也就失去了解释力。然而这种将话语解读限定到说话人意义的做法看似简化了语用推理，实际上却是对它的复杂化：释话人以关联期待为指引寻找解读，且该解读又必须符合说话人意义，而释话人期待与说话人意图之间并不存在一致，由此就必须额外对关联期待与说话人意义间的关系加以限定描述，使理论更为繁琐。关联理论采用了对话语解读内容的限定，却并未对释话人期待与说话人意图间的关系做出解释，使得这一为简化格莱斯交际原则和语用准则而产生的推理理论有着严重的缺陷。

3.2 隐义界定上的简化问题

用说话人意义来限定解读结果不仅需要解决说话人意图与释话人关联期待间不一致的问题，而且说话人意义本身也非想象中那样简单。不同于新格莱斯（neo-Gricean）语用学用形式手段来研究一般或规约含义的尝试（Horn 1984，1992；Levinson 1983，1987，2000），关联理论野心更大，要将各种会话含义（尤其是特殊会话含义）均纳入解释范围，这就要求它对隐含意义有比新格莱斯更透彻的理解。关联理论花费大量精力探讨了显义（explicature）与隐义（implicature）之间的区别及推理在显义充实过程中所起的作用，但却忽视了隐义这一被想当然化了的概念的内部复杂性，它对隐义范畴性质的考虑明显不足，下面就来具体讨论这一问题。

“隐含意义”一词最早由格莱斯于1967年在《逻辑与会话》一文中创造

并提出，用来指非说话人明确说出的、但又是其意图释话人结合语境推理得出的话语意义，无论是规约隐含还是会话隐含，其共同点是均为隐性表述的内容、均需要推理得出、均为说话人意图内的含义。虽然迄今学术界的主流是对该概念的应用与深入探讨，但也不乏有学者对此提出各类的质疑（对此的总结参见 Davis，2005），我们也属于质疑派，此处要就格莱斯隐义观应用于关联理论时出现的性质问题，或者说格莱斯的“隐义”用于释话人话语解读层面时暴露的问题作探讨。

格莱斯对隐义的推理过程作了如下描述：

He has said that q; there is no reason to suppose that he is not observing the maxims, or at least the Cooperative Principle; he could not be doing this unless he thought that p; he knows (and knows that I know that he knows) that I can see that the supposition that he thinks that p is required; he has done nothing to stop me thinking that p; he intends me to think, or is at least willing to allow me to think, that p; and so he has implicated that p. (Grice, 1975: 31)

［说话人］说了 q；没有理由认为他未遵守准则，或至少是合作原则；他若不认为 p 成立，就无法遵守合作准/原则；他知道（并且知道我知道他知道）我知道必须假定他认为 p 成立；他并没有阻止我认为 p 成立；他意图让我或至少是允许我认为 p 成立；因此他话语隐含 p 成立。

一方面，这种解释非常含糊，即使在某特定的具体语境下，能使说话人遵守合作准/原则的话语解读方式也可能有多种，且交际双方不可能达到完全的知识共享，不存在“你知道我知道你知道……”的情况，因此话语解读只能是在双方共享认知语境帮助下对说话人隐义无限接近的过程，而不能明确确认 p 成立，我们用一则经典语料来说明：

例 3.2　Peter: Do you want some coffee?

Mary: Coffee would keep me awake. (Sperber & Wilson, 1995: 34)

玛丽（Mary）的回答到底传达了她“喝”还是“不喝”的隐义，要由释话人皮特（Peter）自己来判定，选择不同语境假设就能得出不同的认知结果，且任何一种解读都符合格莱斯对隐义推理过程的描述，然而说话人只可能传达两种截然相反的意义中的一种，因此，从话语解读的角度讲，隐义是个不能确定只能无限接近的概念，语境假设的互显度越高就越接近，反之对隐义的推理就越不确定。

另一方面，以上所举之例是话语隐含为说话人意图传达的主要内容的情况，解读不到该重隐含，交际就会失败，然而在很多情况下，某些话语隐含还可能仅作为对话语显义或者其它一些话语隐含的附加意义而存在，对该种隐含的理解是对说话人意义的丰富，对它的解读与否在一定程度上并不影响交际的进行，如：

例 3.3　（妻子下班后刚进门便对丈夫说了下面的话）
妻子：我今天快累死了。

该例中显义解读自身便已提供足够相关信息，即使释话人仅解读到话语显义，交际也不算失败，然而他若是进一步推理，则还可以解读出“要求丈夫做晚饭”、“让丈夫听她发牢骚”、“取消原定今晚的看电影计划”等含义，由于这些含义均能在认为说话人遵守了合作准/原则的前提下推导出来，到底妻子的话语是否有隐含意义，或者众多解读中的哪个或哪些才是她意图传达的隐义，这些都不在格莱斯隐义推理过程的解释范围之内，因此从释话人角度探讨的隐义远比格莱斯揭示的隐义要复杂的多。

关联理论虽然在对隐义的实际推导方法上与格莱斯的合作原则有差别，但在对“隐义”这一概念的应用上却无二质，格莱斯隐义推理上的问题关联理论也同样不能避免。要解决该问题就必须先弄清楚释话人眼中“隐义”的性质：释话人在言语解读过程中必须或多或少地为自己推理出的说话人意义负责，即从释话人角度来说，说话人隐含意图具有不同程度的不确定性，是个原型范畴的概念，释话人在推理过程中发挥的主观能动作用越强、所承担的责任越大，推出的隐义对原型的偏离也越大，即对其是否为隐义的不确定性越大，反之亦然。此范畴边界模糊，隐义与非隐义间没有明确的界限，当释话人责任大到一定程度时，解读结果是说话人隐含意义（implicature）还是纯粹由释话人个人推理得出的非说话人隐义的语境含义（implication），或者说，是说话人意义还是非说话人意义的话语意义，便不再容易辨别，如：

例 3.4　07 年初中国联通公司在全国范围内为 CDMA 手机做大型电视广告，其广告词中有一段为：
健康 C 网，送机风暴将为全球飞的您带来挥洒自如的通信体验；
为动感的您带来前卫时尚的通信体验；

为走遍神州的您带来一省再省的通信体验。

该广告语的显义观众均能理解，且已经能够满足关联期待，然而根据交际关联原则，话语传达的是符合说话人能力与偏好的最大相关，由此便允许释话人进一步寻找值得付出额外认知努力来得出的更大认知效果。在本例中“全球飞的您”、“动感的您”、“走遍神州的您”很可能会激活人脑中关于中国联通的竞争对手中国移动旗下的三种知名业务“全球通”、“动感地带”与“神州行”的知识，由此产生“我们的CDMA业务比移动的任何一款业务都要好”的含义，且这重含义确实能够产生更大的认知效果。然而广告法明确要求商家在做广告时不能靠贬低同类的其它品牌来抬高自己，因此联通的这则广告在显性交际层面上不可能具有这一重会话含义，我们虽然推理出了这层含义，却没有充分理由认为它是说话人意图的隐含意义，该认知效果的性质很难界定，只能将其列为隐义范畴的边缘成员。

关联理论要求推理的对象是说话人意图，且推理要获得与说话人能力、喜好相一致的最大相关（即最佳关联）的解读，也就是说，说话人意图就是话语传达的与其能力、喜好一致的最大相关解读，然而由于从释话人角度探讨隐义时原型性与不确定性的存在，说话人意图也就随之模糊起来，而等同于其意图的最大相关也成了不能确定的概念，如对例3.4中广告语的说话人意图的推理到底是应该停留在表层含义还是进一步推导出“联通对移动的拆台”？关联理论在从释话人角度出发研究话语解读的过程中，对隐义的性质缺乏详细考虑这一做法便引发了其言语解读机制的含糊问题，也使得明示—推理交际的可操作性大打折扣。虽然威尔逊和斯波伯也部分注意到了这一情况，但由于隐义被束缚于传统意义上的范畴概念，他们无法找出实质性的解决方案，只是提出了“强隐义”（strong implicature）与“弱隐义”（weak implicature）的区分，解读时释话人承担责任较小的隐义为强隐义，责任较大的为弱隐义，但一方面不难看出强弱也是一个连续统，没有明确的界限，且弱隐义还可能部分带有非隐义的性质；另一方面，威尔逊和斯波伯在用语料解释话语在线理解过程时，也暴露出了这种解决方案引发的不足：

例3.5 Perter：Did John pay back the money he owed you?

Mary：No. He forgot to go to the bank.（2004：615）

他们（2004：615～617）认为对玛丽答语的解读既有强隐义也有弱隐义，

强隐义为“约翰（John）因为忘了去银行所以不能还给玛丽欠她的钱”，弱隐义为“约翰下次去银行可能会还玛丽钱”等等。若不考虑弱隐义，话语推理停止于强隐义的得出，关联解读机制尚且能成立，然而关联理论对弱隐义概念的附加及弱隐义在某种意义上数量的无限性使关联机制对话语解读内容的限制在一定程度上被取消，推理终止于何处无法界定，由此使关联解读机制的意义大大消减。

此外，通过上面的分析与例 3.4 的例证，我们还可以看出，随着从释话人角度对隐义性质的重新定位，从释话人角度对说话人的所谓明示交际的性质也需重新定位。明示交际所明示的内容只是说话人有交际意图，而不能明示说话人的交际意图本身，说话人可以通过不同的话语组织方式激活释话人不同的认知语境或引发不同的认知语境可及度排序，进而在一定程度上引导释话人的解读，但这种方式只能促使释话人的推理无限接近说话人引导的方向，并不能直接明示该方向或该方向上的推理结果，在推理解读过程中释话人的主观能动性及其对话语解读承担的责任不容忽视。由于明示交际所明示的仅仅是说话人具有交际意图，而其真正话语意图的内容在释话人处具有不确定性，说话人不但可以通过降低不确定性而尽可能提高说话人意图的显性程度，也可以通过一定的话语组织形式刻意增加这种不确定性，增加释话人在推理过程中的责任，由此降低说话人意图的显性程度，传达一些她意图传达的信息，却又不会让释话人将该解读归咎于其意图，如例 3.4。这样一来，关联理论原来意义上的明示交际与非明示交际间的区别并不是简单的、相互对立的两种交际模式，而是由于释话人角度的隐义不确定性，成为一个二者间存在灰色区域的连续统。释话人话语解读中所负责任越小，越接近明示交际；责任越大，则越有可能为非明示交际（但这种情况并不绝对，参见 4.2 节）。此外，对一句话语的理解可能涉及多重含义的解读，而每重含义所体现的交际明示程度都可能是不同的，对一则话语的解读可以同时体现多重交际性质，例 3.4 广告语中的字面意义传达是典型的明示交际，而对第二重意义的传达则为典型的非明示交际。

3.3 关联解读机制中的多重问题

上文对关联理论交际观与语用推理对象的分析是对关联理论运作前提的探讨，此处则要从更微观的层面观察关联话语解读机制内部影响其自身应用的具体问题。在探讨开始前，我们先对关联解读机制做一较为详细的介绍：

关联理论将格莱斯（1975）的交际合作原则及其四准则简化为了唯一一条不可违反的交际关联原则，并用该原则解释交际中的所有推理：

Principle of Relevance

Every act of ostensive communication communicates a presumption of its own optimal relevance. （Sperber & Wilson，1986/1995：158）

关联原则（在修订版中被改称为“交际关联原则”，但内容未变）

每一个明示的交际行为都应设想为它本身具有最佳关联。（何自然、冉永平，2001：F29）

A：Presumption of optimal relevance

（a） The set of assumptions I which the communicator intends to make manifest to the addressee is relevant enough to make it worth the addressee's while to process the ostensive stimulus.

（b） The ostensive stimulus is the most relevant one the communicator could have used to communicate I.

最佳关联假设

（a） 交际者意图向受话人显现的一组假设 I 足够相关，值得受话人付出努力处理明示刺激。

（b） 该明示刺激是交际者能够调用来传达 I 的刺激中最相关的一个。

B：Presumption of optimal relevance （revised）

（a） The ostensive stimulus is relevant enough for it to be worth the addressee's effort to process it.

（b） The ostensive stimulus is the most relevant one compatible with the communicator's abilities and preferences. （Sperber & Wilson，1995：270）

最佳关联假设（修订后）

（a） 明示刺激具有足够的关联性，值得听话人付出努力进行加工处理。

（b） 明示刺激与说话人的能力和偏爱相一致，因而最具关联性。（何自然、冉永平，2001：F30）

（a） 显现刺激的相关性，足以使受话人所做出的话语信息处理努力产生效果。

（b） 显现刺激交际如果与交际者的能力和爱好一致，即可视作是最为相

关的。（熊学亮，1999a：108）

交际关联原则中的关键概念是最佳关联，受话人所有的推理都在假设话语具有最佳关联的基础上展开，最佳关联是释话人推理的主要依据，对它的定义是关联理论的核心，对它的理解是则是掌握关联运作机制的关键。然而上文对最佳关联假设两个不同翻译版本的引述说明，人们对该假设的理解并没有达成共识，往往是为了服务不同目的、以不同的方式对它进行解读，从两版翻译中可以看出虽然何自然、冉永平与熊学亮三位学者对该假设 b 项的理解共同强调了“the communicator's abilities and preferences”因素是满足“the most relevant one”中“most”限制的前提，二者都从最佳关联假设中解读出了因果关系，但前者强调话语作为明示刺激之所以具有最大相关是满足与说话人能力、偏好一致的结果，后者突出只有与说话人能力、偏好一致的话语才具有最大相关，但他们的理解方向正好相反。

在 86 年版的《关联性：交际与认知》一书中最佳关联假设的定义（上 A）中的 a 项对明示刺激（即言语）所需产生的认知效果作最小值的限定，只有满足该值的话语才值得释话人付出推理努力；b 项对释话人处理明示刺激时所需付出的努力大小作限定，说话人为了有效达到自己交际的目的，必须选用能够传达其意图的、令释话人解读最省力的言语刺激。卡斯顿（1998：213 ~ 5）解释了这一最佳关联假设被修正的原因：原有假设中的 a、b 两项对认知努力与效果的限定不对称（足够效果 vs. 最小努力），且 a 项仅对认知效果的底线作了限制，但实际交际过程中说话人很可能提供超出该底线的认知效果，这在原有假设中没有反映出来。修正版解决了这两个问题，效果与努力被给予了同等的地位，修正后的 a 项同时强调认知效果的充足性与认知努力的经济性，而且 b 项还同时为二者限定了上限，话语提供的认知效果不能超出说话人能力与意愿的限制，话语刺激对释话人解读努力不能有无理由的额外需求。卡斯顿讲到两个不同版本在被用于指导话语解读时最可能出现偏差的情况是“听话人可及的第一解读足够相关但又不是与说话人手段与目的一致的最相关的解读（1998：215）”（the first interpretation accessed by the hearer would be sufficiently relevant but would not be the most relevant one compatible with the speaker's means and goals）。这句话对我们此处的讨论有两点启示：一方面，这说明符合说话人目的、手段（即偏好与能力）的解读可能不只一个，因此对说话人能力、偏好的符合与最大关联二者间没有因果关系，而是两个并列限制条件，共同限定具有最佳关联的明示刺激，由此可得，修正后的佳联假设 b 项应被解读为“该明示刺激传达的是符合说话人能力、喜好限制的最大相关”，何、冉、熊三位学者的理解都在不同程度上存在对原佳联假设意图的偏离；另一方面，从这句话中我们也能看出，话语解读并不仅受认知效果影响，对认知努力的考虑也很重要，不同的解读是按所需努力的多少依次得出的，因此在关联理论的后续发展中斯波伯和威尔逊又提出了关联的话语解读机制：

Relevance-theoretic comprehension procedure

a. Follow a path of least effort in computing cognitive effects: Test interpretive hypotheses (disambiguations, reference resolutions, implicatures, etc.) in order of accessibility.

b. Stop when your expectations of relevance are satisfied.

(Wilson & Sperber, 2004: 612)

关联性话语解读程序

a. 沿最小努力的路径推理认知效果：按可及性的顺序检验解读假设（即检验解歧、指称确定及隐义推导等的结果）。

b. 当关联期待得到满足时停止推理。

他们认为该话语解读程序是根据交际关联原则与最佳关联假设的定义而建立的，体现了二者在实际话语在线推理过程中的指导意义，这三部分便构成了整个关联话语推理的核心，下面我们就来看这其中存在的问题。

3.3.1 关联”的对象与指向问题

为了最佳关联假设的提出，虽然关联理论（Sperber&Wilson，1986/1995，chap. 3）对“关联”这一概念逐层作了不同性质的详细界定，分别给出了关联（relevance）、对某人的关联（relevance to an individual）、某现象的关联（relevance of a phenomenon）三个子概念的分类（classificatory）与比较（comparative）双重性质的界定，但最佳关联假设中的“关联”仍旧在两个层面上存在模糊问题，造成关联推理机制使用的混乱。

3.3.1.1 由关联对象不确定引发的矛盾

关联的对象问题（relevance of what?）源于关联理论对关联的分类与比较双重性质的界定，在分类界定中关联作为一个认知效果与努力比例合理的整体而存在，比较界定中，认知效果与努力被分割为两个独立的层面，因此最佳关联假设中的关联所指就有了三种不同的理解方式。一方面，如上文所述，卡斯顿指出在修订后的最佳关联假设每一项中认知效果与努力被赋予了同样的重要性，也就是说佳联假设中的关联指的是认知效果与努力的比；另一方面，关联学者在对该假设的实际应用中却常常偷换概念，最常见的是将“认知效果与努力的比”替换为“认知效果”。对效果与努力最佳比值的限制和对最大认知效果的要求并非同质，对关联这一概念的不同解读会引发对关联解读机制的不同的理解，如在应用“明示刺激传达的是符合说话人能力、喜好限制的最大相关”这一项假设时，将关联理解为与说话人能力、喜好一致的最大的效果努力比还是最大的认知效果有可能会得出两个截然相反的解读，由此造成推理机制中的矛盾：

对释话人而言最相关的信息（即一个或一组认知效果）只有一个，用以表达该最相关信息的言语形式也可能只有一个，但最相关的效果与努力比却远不止一个，因为对比例的要求并不会对分子与分母单独作限制，一组不同的分子、分母可以享有同一比例值，同样话语可以在增加或减少信息量的同时，增加或减少释话人的认知努力，由此获得相同的效果努力比，因此一句话语就可以有多重解读，同时满足佳联假设的要求，这时按照关联话语解读程序的要求，话语解读停止于第一个满足关联期待的解，则推理停止于效果努力比值相同的一组解读中效果与努力均最小的一个；而若将最大关联解读为最大认知效果，则话语推理必须终止于对最大认知效果的得出，也就是说话语解读结果为效果努力比值相同的一组解读中效果与努力均最大的一个。关联理论一方面声称佳联假设中的关联是兼顾了认知效果与努力的概念，另一方面又要求话语推导出与说话人能力喜好一致的最大认知效果，矛盾由此而生。

3.3.1.2 由关联指向不一致引发的矛盾

关联指向问题（relevance to whom?）引发了佳联假设中的另一重模糊，关联理论在界定“关联”时，只强调它是指与某人的关联（relevance to an individual），却未明确指明是与谁的关联，且在运用该假设指导实际的话语解读过程中关联的指向是不一致的。在运用佳联假设的 a 项“明示刺激具有足够的关联性，值得听话人付出努力进行加工处理”时关联还是明确指向释话人的，但在 b 项“该明示刺激传达的是符合说话人能力、喜好限制的最大相关”中关联实际上是指向话题的，即话语提供的是说话人能够并且愿意提供的有关该话题的最大信息，由此也就造成了最佳关联假设 a 项与 b 项之间的矛盾。

具体来讲，佳联假设要求话语刺激提供足够的相关，同时也是说话人能够并且愿意的最大相关，关联理论把前者看作是对话语刺激的底线要求，后者则是上限要求，由于底线要求的相关是针对释话人而言，而上限要求是针对话题而言，底线与上限性质并不一致，从而产生了二者交叉的可能，以关联理论的经典语料为例：

例 3.6　A：Where does Pierre live?

　　　　B：Somewhere in the South of France.（Sperber&Wilson，1995：273）

A 希望 B 给予他的是皮埃尔（Pierre）在法国的确切地址，却没有如愿以偿，也就是说 A 作为释话人，在理解 B 话语时，足够相关并没有得到满足，他没有得到皮埃尔的确切地址，然而 B 的答语确实提供了关于该话题她所能够并且愿意提供的最大相关，即"关于皮埃尔的具体地址，我知道但不愿意告诉你，因为我不想让你去拜访他"。此时便出现了佳联假设底线未被满足而上限被满足的奇怪情况，这种佳联假设中关联指向对象分配的不一致造成了 a、b 两项间底线与上限关系的取消。

3.3.2　修正后的最佳关联假设应用上的问题

关联理论对例3.6 中 B 答语的解读将说话人能力、喜好作为话语违反对释话人足够相关后的补救推理内容，即说话人没有提供足够的信息要么是因为没有能力、要么是因为不愿提供。这种解读方案存在一定的问题：

佳联假设 b 项中说话人能力、喜好对话语刺激的限制应该是释话人在话语解读前就预先考虑到的语境假设，A 在向 B 提出问题前已经对 B 回答该问题的能力、意愿作了估计：如果他认为 B 没有能力或肯定不愿回答该问题，他就不可能向 B 发话，因为这会浪费自己的力气而得不到任何结果；如果他不确定 B 是否有能力回答他的问题，他就会将言语表达组织为对该能力的询问"Do you know where Pierre lives?"而例中他说出的话语则明显是将该能力作为了前提预设；只有在 A 确信 B 有能力回答、且有可能愿意回答其问题的情况下，才会说出例中的话语。因此对说话人能力、喜好等的估计是释话人话语解读前形成的，通常情况下都是作为事前假设存在，而非事后推理。这种将说话人能力、喜好作为事后推理内容的情况当且仅当话语提供的信息无法满足释话人预期期待时才会出现，是一种特例情况，在这种意义上，对佳联假设 b 项的应用不具有与 a 项同等的地位，而应是用于指导 a 项未被满足后的次级推理。

此外，这种次级推理也不像关联理论描述的那样简单，当释话人无法从话语中推理出其预期得到的信息时，它并不会直接简单地将其归咎于他对说话人的能力、喜好的错误估计，进而停止推理，在实际的话语解读中，释话人往往会进一步寻找支持这种归咎方案的原因，因为根据我们上文的分析，释话人在话语解读前对说话人的能力、喜好是预先考虑过的，当他将无法获得足够关联的认知效果的原因确定为说话人能力不足时，他是在否定原有认知语境中关于说话人能力的语境假设，这种否定必须有足够的依据，因此需继续推理以寻找该依据；同样，当他认为原因在于说话人不愿提供足够关联的信息时，这也与他原有认知语境中的假设相冲突，也需要进一步推理说话人不愿提供足够相关的理由（如例3.6中推理得出的“不愿意让A去拜访皮埃尔”等），以佐证取消原有语境假设这一做法的合理性。

3.3.3 修正后的最佳关联假设与关联话语解读机制间的不对应

由于对“关联”概念界定的不清楚，佳联假设也有将话语推理的两个层面混淆之嫌，而这种混淆严重破坏了它与关联话语解读机制之间的承袭关系。

在将关联视为认知效果与努力比的情况下，佳联假定中的a、b两项地位等同，分别为话语刺激所需达到的关联程度设置底线与上限，前者要求话语足够相关，后者要求话语是满足说话人能力、喜好限制的最大相关；而关联话语解读机制要求沿语境可及度推理认知效果、检验推理假设、终止于第一个符合关联期待（对认知效果与努力比的期待）的解读。在该意义上第一个满足关联期待的解与符合受说话人能力、喜好限制的最大相关的解并不是一个概念，当且仅当沿语境可及度方向的第一处使认知效果与努力的比值满足关联期待的解同时也是说话人意图他得出的所有解读时，才能保证二者的重合。然而第一处得到的足够相关与符合说话人能力、喜好的最大相关并不一定重合，由此才出现了上文例3.4中对联通广告语多种解读的情况，这样一来，关联话语解读机制与佳联假设间的对应关系便部分崩溃。

当“关联”仅被界定为认知效果这一层面时，佳联假设的b项被解释为说话人意图话语传达她能够传达并且愿意传达的最大相关信息，这在一定程度上可以指导话语的解读。然而这样一来，关联话语解读机制对推理努力的考虑在佳联假设中就找不到任何根据。此外，由于在关联被界定为认知效果的情况下，佳联假定中a、b项的关联指向对象不同，b项描述的符合说话人能力、喜好的与话题的最大相关，只有在a项中与释话人的足够相关得不到满足的情况下才成立，由此佳联假设中 a、b 两项的平等地位不复存在，且它们也不再是明示刺激必须满足的两个条件，不再是交际中的话语必须具备的两个特征，a 项在实际交际中成了可被违反的准则，b 项则成了当且仅当 a 项被违反后才能得到应用的准则，在其它情况下 b 项独立应用的可能很小，因为说话人的能力、喜好（尤其是喜好）非常主观，释话人对其很难有十足的把握，当话语信息已经满足与释话人的相关时，进一步推理该信息是否为针对当前话题的最大相关的信息会变得不大可能。

综上所述，最佳关联假设混淆了认知效果关联和认知效果与努力比的关联这两个层面上的关联，导致佳联假设的出发点混乱，在每一个层面上的应用都存在问题，这种混乱不仅造成了其追随者在对该假设使用过程中的模糊与偷换概念，更使得关联理论的核心之一——关联话语推理机制无据可依。

3.4 结语

本章将关联理论的主要问题具体化至理论运作的微观层面，提出关联语用推理解释力的主要制约因素可分析为关联期待与说话人意图的不一致、隐义界定的过度简化以及修正后最佳关联假设的模糊性这三大问题，这三重问题是现有关联推理陷入困境的主要根源，要使得即将建构的优选推理模式避免陷入与现有关联推理同样的困境，就必须在模式建构前对关联推理予以优化，通过对解决办法的寻找以避免或克服上述问题，这也正是下一章优选推理模式之关联前提建构的主要任务之一。

第四章

对优选推理模式之关联前提的建构

4.0 引言

关联优选推理模式即关联话语解读的优选推理模式，优选推理模式中生成、评估机制内部各类制约条件的生成及其等级排序都离不开对关联话语解读的考察，本章作为优选推理模式之关联前提的建构，将对关联理论中被忽视或误视的、而在优选模式建构中又是举足轻重的关键概念进行精细化阐释及拓展性分析，探讨它们在话语解读过程中的真正性质、地位及在关联解读机制中发挥作用的方式等，一方面为基于关联优化的优选推理模式根本理念的提出做准备，另一方面为优选模式对各类制约条件及其等级排序的建构提供素材。

概言之，关联理论在对三大问题的讨论上存在欠缺：对关联期待动态性及其在推理过程中运作问题探讨的缺失、对认知效果性质分类复杂性及其对推理性质的影响问题探讨的排斥、对语境假设调用的多元性及其在推理进程中的体现问题的无视。具体来讲，关联期待（expectation of relevance）在关联话语解读中是“作为一个不证自明的概念被使用的”（曲卫国，2005），关联期待的动态性、某特定时段上的关联期待与推理逆证程度间的关系、关联期待对话语解读的终结作用等均未被详细讨论；关联理论对认知效果（cognitive effect）性质的界定则仅限于说话人意图，对释话人进行的其它性质的话语解读完全持排斥态度，使得关联推理陷入从说话人角度出发研究释话人推理的矛盾之中；对影响语境假设（contextual assumption）调用的因素的讨论也仅限于语境可及度，完全无视语境假设力度、可及度和互显度三者间的差别及语境假设调用过程中三者间的互动关系。

正是关联理论对这些问题讨论的含混、简化或偏差引发了上文探讨的关联话语解读的制约因素，间接限制了关联推理对话语解读的解释力，重新审视这些问题是避免第三章中提出的问题、优化关联推理的前提，也是建构关联优选推理模式生成、评估机制的基础。

4.1 关联期待的动态性及其在推理过程中的运作

关联期待是关联理论的一个核心概念，由于关联原则中的最小花费和最佳认知效果不具确定性而无法互为参照，关联期待便成了关联推理的决定性因素之一，关联理论认为：话语理解过程便是沿最小努力的方向推导认知效果的过程，解读停止于关联期待的满足（Sperber&Wilson，2004）；明示内容与隐含意义在关联期待制约下的相互调节（Wilson，1999）；对输入信息的处理以对关联期待的满足或放弃为操作基点（Sperber&Wilson，1986/1995）。在06年7月广东外语外贸大学举办的语用学讲习班中，Wilson还将原有交际关联原则"我们假定任何明示交际行为自身均具有最佳关联"（Sperber&Wilson，1986/1995：260）重新表述为"显性交际能生成普通行为无法生成的关联期待（Wilson，2006：5）"（Overt communication creates expectations of relevance not created by ordinary actions.）上述这些都说明，关联期待在关联理论的解释机制中起着十分重要的作用。然而，关联理论一直将该关键概念置于直觉说明之下，用以解释各种语言现象，并未对它做过专门的讨论，我们认为，关联理论对言语交际的解释机制之所以停留在对话语理解过程的抽象宽泛宏观描写，主观性强，不易操作，其主要原因之一就是对关联期待这一关键概念的研究不足，本节旨在对该概念的性质及其在关联推理机制中的作用和起作用的方式进行细致深入的探讨和分析。

4.1.1 关联期待的对象

威尔逊在06年的语用学讲习班中明确指出，她对交际关联原则的重新阐释并不是对原有原则的更正，而仅是为了使表述更清晰明确，换了一种说法。将交际关联原则的这两种表述对比可见，所谓的关联期待就是对最佳关联（optimal relevance）的假定。由于最佳关联涉及到以尽量小的努力获得足够大的关联，那么用来指导语用推理的关联期待就是双重变量互动的最优结果，而以两变量的互动来指导推理的走向与终止只能在理想状态下发生，不具有实际操作性，因此关联理论认为话语理解的过程是沿最小努力的方向，即按语境可及度依次调用语境假设对话语解读，当关联期待得到满足时推理过程结束。意思是说，在一定程度上控制认知努力的变化，尽量把所需满足的变量限制到认知效果这一个因素上。基于同样的考虑，我们尝试把关联期待分解为相互制约影响的两重期待：对认知效果的期待与对认知努力的期待。虽然关联理论中并未明确表明可以对关联期待进行这样的分解，也未对这两重期待进行过详细探讨，但它也并不反对这种区分，如斯波伯和威尔逊（1995：267）在《关联性：交际与认知》一书第二版后记中讲到：

Then by the same reasoning—based on the fact that the communicator must intend her ostensive stimulus to appear relevant enough—the addressee can have legitimate expectations about the level of effort needed to achieve this effect.

那么同样，由于交际者必须使她的明示刺激显得足够关联，所以听话人可以对**获得期待效果所需的努力程度**有合理的期待。（黑体为笔者所加）

此外，斯波伯和威尔逊（1996：532）又讲到：

But of course, this time, we want expectations of effect to be a determinant factor, for at least effort by itself would end up to favouring no effort at all.

当然这时**对效果的期待**是决定因素，因为单独对最小努力的期待会使人倾向于根本不付出努力。（黑体为笔者所加）

由此可得，关联理论容许对其关键概念——关联期待进行二重分解。

关联理论未对这二重期待进行深入探讨，根据它对期待问题的处理似乎可以推断出它认为这两者在性质上具有同等的地位，而我们认为，由于对认知效果的期待不是常量，而是先于言语处理产生，随着对话语的处理或推理的进行这种期待可能会产生很大的变化，而且这种期待是个多维变量，在话语理解期间不但关联期待的大小，甚至关联期待的方向或内容等都可能被调节、修正乃至取消（参见 4.1.2）；而对认知努力的期待仅有期待量一个维度，它是作为影响对认知效果期待的一种因素存在（如超过预期的认知努力会引起对认知效果期待的增值等），对认知效果的期待在其它性质上的变化往往不是由对认知努力的期待单独造成或控制的，因此对认知努力的期待的单独研究意义不大，本节探讨的关联期待主要是对认知效果的期待，这才是语用推理全过程的主导要素，对认知努力的期待则将被融入到影响对效果期待的因素中去研究。下文在没有明确说明的情况下，我们所说的关联期待是指对认知效果的期待。

还需说明的一点是，从“显性交际能生成普通交际行为无法生成的关联期待（Wilson，2006：5）”中可以看出关联理论认为关联期待仅为明示交际所有，而在对其它交际行为的处理中释话人并不会产生关联期待。我们认为这里所说的“明示交际特有的关联期待”仅指付出与收益的最佳比率（the best expected cost/benefit ratio），而对认知效果这一重期待是任何交际都具有的。关联的第一原则——认知关联原则（Sperber & Wilson，1995：260）认为“人类认知倾向于同最大相关吻合”（Human cognition tends to be geared to the maximization of relevance）。根据该原则，人的认知能力会指导其感知机制自动寻找具有潜在相关性的输入，即大脑处理系统仅处理它认为可能相关的信息，而“可能相关”即“可能产生认知效果”，所以无论大脑实际加工了哪个或哪些输入（inputs），在处理这些输入前必定已经产生了对取得一定认知效果的期待，否则这种处理就是无意义的。因此我们说，对认知效果的期待是任何交际都具有的，且这种关联期待产生于话语处理之前。由此，关联期待这一概念便可被用于我们所要探讨的包含却又超出关联理论界定的“明示交际”范围的言语交际中。

4.1.2 关联期待的性质分类

虽然关联期待产生于所有的话语处理之初，但并非所有话语产生的期待均相同，根据量、方向、内容等维度上的不同可以将其笼统分为三大类性质的期待：对说话人有信息传递的意图的期待、对说话人意图传递的信息与某话题相关的期待及对说话人意图传递的信息的具体内容的期待。

对说话人有信息传递的意图的期待是最宏观的期待，期待不涉及任何方向性，此时期待量是衡量该重期待是否得以满足的主要标准，产生这种期待的最典型的情况是在无任何上下文语境时对话语处理的最初阶段，如：办公室内小李、小王二人各自做着自己的事情，突然小李叫了一声“小王！”此时小王便会对小李接下来要说的话产生关联期待，但此时的期待仅仅是对小李接下来有意图要传递信息的期待，并无对信息的实质内容的期待。

第二类期待比第一类在内容上较为具体，虽然没有明确的期待方向，但释话人对所要处理的话语不但有提供足量关联信息的期待，而且对说话人的话题信息也有预先期待，在持有这种关联期待的情况下释话人在处理信息时的语境可及度会与持有第一种关联期待时的不同，因为此时释话人大脑中已预先激活某些关于其期待话题的语境信息，作为具有高可及度的语境信息最先投入语用推理，这些语境会使话语推理，尤其是显义的得出，变得省力，且此时关联量的期待也不再是话语满足该重关联期待的唯一决定因素。对这类期待的体现如：小李与小王吵完架的第二天，小李突然叫住小王，则小王期待小李接下来的话语会与吵架事件相关，由此使其认知语境中的假设可及度发生一定调整，当小李说“我们谈谈那件事吧！”小王可以很容易地在高可及语境范围内找到“那件事”的指称，即吵架一事。

第三类期待是最具体的一种关联期待，不但对话语所谈论的话题有期待，而且对话题的具体方向也有预先期待，这种具体期待除了会对释话人脑中的语境可及度产生影响，使大脑设置好相关的认知语境搜索范围外，还会进一步设定话语推理的方向，如果说先置的语境范围主要是为显义的得出（即指称分配、歧义消解、命题充实等）设定了范围，同时在一定程度上缩小、限制了话语推理可能的发展方向，那么话语推理具体方向的设定则是为推导隐含结论的必要前提（即对隐含前提的寻找）设定了方向，使推理的逆证性质进一步加强；此处关联量的期待已经融入了对关联内容和方向的期待，满足了最具体的期待自然也就满足了足量的要求。对该类期待的体现如：小王在招待来访的小李时问他是否要喝咖啡，那么在小王得到小李的回答前，他已将话语推理方向设定在小李喝与不喝的选择上。

4.1.3 关联期待的动态性

以上对关联期待性质的分类是在静态意义上得出的，所举的例子都是发生在话语推理前这一横切面上的期待，然而关联期待并非仅产生在言语处理前，也并非在整个话语理解过程中一成不变，它是个动态概念，从期待产生到最后被满足，它在多个维度上都可能产生变化，且各维度上的变化相互联系，上述三类性质的期待可能出现在话语处理过程中的任何阶段，且存在三者间相互转化的可能。然而也并非话语理解过程中每一步关联期待的变化都涉及性质调整，有时仅是同性质期待内部的内容调整，但即使一步微小的调整也会对认知效果产生影响。这些就是本节要讨论的内容。

4.1.3.1 关联期待在推理过程中的泛化

如果产生于言语处理前的关联期待较为具体，话语解读始于对该具体期待的满足：在推理过程中受言语解码结果与释话人突显认知语境交互作用的影响，当在随初始关联期待产生的突显语境中生成的显义或隐义足以满足该期待时，话语得解；当关联期待在随其生成的突显语境中无法满足时，为使话语得解，原期待只能被暂时搁置，此时有两种解决办法，一是等待由后续话语引发的后续语境的加入，延迟解读（如下文例4.8），二是通过对期待的泛化调整引发对释话人突显认知语境的调整，经泛化调整后的期待会在随其一同调整的突显认知语境中重新寻求满足，若在此时的语境中能生成满足调整后期待的显义或隐义，且该解读能为上级期待的取消提供理据，则话语得解，推理结束，若仍无法满足，则关联期待被进一步泛化调整，重复上述过程，直至某关联期待在随其产生的突显语境中被满足，下面我们通过一则语料来具体阐述该过程①：

例4.1 （A、B等人打算一起去舞会，A想邀请玛丽同去，便拜托B向玛丽说明）

A：What did Mary say?

B1：She agreed to go with us.

B2：I haven't asked her yet.

B3：Watch out!

此处我们关注A向B发问后在解读B答语过程中的关联期待。首先，最初的关联期待产生于A对B答语处理之前，或者说在B给出答语之前②，其性质是对说话人意图传递的信息的具体内容的期待，A期待B的答语是玛丽同意或不同意，这会使A提前为话语推理预设一定的认知语境范围，当接收到B话语后，预设范围内的语境假设具有较高的语境可及度，命题充实、指称分配、歧义消解等显义生成过程及推导隐含结论所需的隐含前提确定过程都会尽量在预设认知语境范围内进行，且朝向玛丽是否同意的方向推导。

在B1回答中，she与us两个词的指称在预先设定的认知语境范围内很容易得解，go with us也很容易被补足为go with us to the party，B1命题充实后得出的话语显义直接满足关联期待对说话人意图传递的信息的具体内容的期待，语用推理结束，在该答语的解读过程中关联期待未经改变。

在B2回答中，指称分配、命题充实等仍然能在预置的认知语境范围内得

① 本节只在描述关联期待动态变化的过程，因此不关注初始期待被搁置时的第一种处理办法，对于期待被延迟满足的情况将在下文讨论，此外，对于初始期待被搁置时两种解决办法的取舍标准，以及引发期待调整的必要因素及限制条件等问题的讨论，则详见下文4.1.4和4.1.5节。

② 此时的关联期待不受答语实质内容的影响，对B1、B2、B3来说都是相同的。

以进行，然而在预先设定的推导方向上却无法得解，于是原初期待被暂时搁置，推理由最具体的一类期待让步到对说话人意图传递的信息与某话题相关的期待。话语显义激活语境假设“如果还没有就某事寻问某人，则不可能知道该人对该事的态度”，得出认知效果——B 还不知道玛丽是否会一起去舞会，满足对话题相关的期待的解读，且上述已发生的推理直接否定了得出玛丽是否同意该结论的先决条件，成为原初关联期待被取消的理据，由此期待调整被确认，推理结束。在对该答语的解读过程中关联期待发生了一次调整，取消了对具体推导方向的预先期待，使期待内容发生了实质改变，关联量的期待在该过程中也发生了相应的调整。

对 B3 答语的解读最复杂，A 接收到 B 的答语后在将话语置于预设语境范围内生成显义的过程中就遇到了麻烦，在关于玛丽是否会同 A、B 一起去舞会的语境中，并不存在 watch out 的对象，要理解 B 的话语，原初期待被暂时搁置，然而在话题相关期待的预置语境范围内仍无法得出解读，该重期待亦被搁置，此时对说话人意图或传达的信息的大致方向或话题的期待都被调整，只剩下最宽泛的对说话人有交际意图的期待，在这重期待下对话语的解读遵照省力原则，从最易调用的语境开始寻找，按照单向语境推导模式的解释（熊学亮，1996a，b），话语理解过程对语境的搜索始于具体场合因素，当在具体场合语境中无解时，再对工作记忆因素进行搜寻，仍旧无解时则从个人的知识结构中寻找。本例的具体场合是 A、B 正在过马路，在此语境中 watch out 的对象，成功被分配给迎面而来的一辆汽车，显义顺利生成，由于该信息在这一场合下比玛丽是否会去舞会更具优先权，使得“提醒 A 做出避车反应”成为足量的认知效果，因为说话人意图传达关于这个新话题的信息，自然无法兼顾原有话题，这为对两重上级期待的取消提供了理据，由此推理终止。在对 B3 答语进行解读时，关联期待的泛化最为明显。

由上述例解可见，在很多情况下，话语推理结束时所得的解释往往不完全满足或完全不满足原有的期待，而是满足调整后的期待，如若不对关联期待进行泛化调整，坚持要求话语理解满足最初的关联期待则推理无法得解，话语最终只能被认为不相关而放弃，这就是关联期待动态性的体现之一。话语理解过程中期待泛化调整主要出现在对较具体的期待无法满足的情况下，如果推理本身就是为了满足最宽泛的关联期待，则不存在进一步的泛化。若释话人在话语推理的某一特定时刻具备较具体的期待，则较宽泛的期待同时具备，例 4.1 中

A 对 B 答语的初始关联期待包含玛丽去与不去的具体信息，该期待会逻辑蕴含对“B 答语提供与此话题相关的信息”以及“B 有信息传递意图”的期待；若具备较宽泛的期待，则表明在那一特定时刻释话人不具备上级期待或上级期待被暂时搁置。随被满足的关联期待与初始期待间差距的增大，推理方向与初始期待方向的偏差也越来越大，释话人最终得到的话语解释与最初期待的解释之间的距离自然也会增大，如例 4.1 中的答语 B3 解读的初始期待是得到玛丽是否去舞会的信息，而最终满足调整后期待所得的解读为“当心汽车”的信息，且二者间的差距与最终被满足的关联期待和初始期待间差距大小成正比。

4.1.3.2　关联期待在推理过程中的具体化

关联期待在话语解读过程中的具体化并非对期待泛化的简单反向调整，期待泛化主要是性质的泛化，但期待具体化却涉及性质的具体化与同性质期待内容的增生两种情况。期待在推理过程中的泛化主要是受语境制约而引发的期待性质的变化，泛化需在话语被完整的接收解码且经过一定的推理后才会发生，且仅发生在更为具体的关联期待无法被满足的情况，泛化后的期待会取消之前的期待，对泛化后期待的满足意味着对先前期待的放弃。然而，对被具体化的期待的兑现则更多受到话语内容或形式制约的影响，可以在对话语解码的同时发生，且可能发生在对任何一种性质期待的满足过程中，被具体化的期待只是在原有期待上的叠加，是在已得认知效果基础上的进一步补充，不会取消先前推理结果，对前者的满足蕴含对后者的满足，推理与对话语的全面理解是一个逐步接近的过程。

4.1.3.2.1　推理过程中期待性质的具体化

当释话人在为较宽泛期待的满足进行语用推理时，根据实际接收到的言语表达的不同，有时期待会在解码过程中逐渐具体起来，这种改变关联期待的性质的具体化情况往往随话语内容的展开而产生，如：

例 4.2　小李，下个月不是要开博士生论坛么，你投稿了吗？

在无任何上下文语境的情况下，说话人的突然发话只会引发听话人的最宽泛的关联期待，该例中在小李没有任何期待的情况下小王叫住他，使他对接下来的话语产生最宏观的，即对说话人有信息传递意图的期待，随话语的展开，小李进一步接收到“下个月不是要开博士生论坛么”，在解码获得该部分话语的显义后，对接下来话语的解读就被设定在了与此话题相关的语境中，即期待被具体化为与开博士论坛这一话题相关的期待，最终话语推理结果不但要满足原初的宏观期待，同时要满足该重话题相关的期待，即“投稿”是指“向论坛的投稿”，且所投稿件不是散文之类的文章而是学术论文。

与关联泛化调整相反，推理过程中期待性质的具体化调整只可能发生在期待较为宽泛的情况下，且最终得出的话语解读为对原初期待及具体化后期待的共同满足。值得注意的是，并非所有在宽泛期待中被解读的话语都可以在解读过程中提升期待的具体程度，期待性质能否具体化要受到话语内容的影响，如例 4.1 中的 B3 答语只有对最宽泛性质期待的满足，而不可能在命题充实、显义得出前提升期待的具体度。此外，话语中语词的组织顺序也会影响期待性质具体化的发生，如果例 4.2 中的话语改为“你投稿给下月的博士论坛了吗?”期待具体化的结果就不会是与“博士论坛”话题相关，而是与“投稿”话题相关。

4.1.3.2.2　推理过程中同性质期待内容的增生

上述期待的泛化调整与性质的具体化调整主要反映的是宏观上期待变化，关联期待的调整还可能发生在其性质保持不变的情况下，所谓期待内容的增生是指在进行满足预设关联期待的语用推理的过程中生成的额外期待，亦是由话语的内容或形式引起，其结果是在原期待基础上的同性质内容的附加，或者称对原有期待的丰富。要讨论这种期待调整方式，我们有必要提出期待层级的概念，对某句话语理解的全过程中关联期待的每一次变化都是一个层级，关联性质的变化一定伴随着关联层级的变化，但层级的转变不一定引发期待性质的变化，而可以是同一认知层面上不影响期待性质的内容上的添加，抑或是另一认知层面上认知效果的附加。

下面我们通过语料分析来进一步了解关联期待的此类调整：

例 4.3　母亲：作业做完了吗?

　　　　儿子：完了**吧**。

在儿子回答前，母亲的原初关联期待已经是最具体的一类，即对答语传达的信息会是“做完了”或者“没做完”二者之一的期待，接收到儿子的答语后，母亲很容易解读出满足原有关联期待的信息，即“做完了”。然而按照交际关联原则，在符合自己偏好与能力的条件下，说话人会用使听话人解读最省力的方式来表达自己意图传递的信息，在此例中，儿子在能用解读起来更简单的话语表达“完了”这一信息时，却选择了相对复杂的表达方式，说明说话人还意图话语传达除“做完了”以外的其它信息，由此，该话语表达形式的制约导致对原有关联期待的同认知层面上的丰富，增加了对找出使用复杂话语的原因的期待，对该话语的完整解读终止于对被丰富了的具体期待的满足。

上述语料为由言语形式引发的同认知层面上关联期待的增生，下面再试举一例来探讨由言语内容引发的不同认知层面上的期待附加：

例 4.4 （妻子与丈夫刚刚一起吃完晚饭）

妻子：老公，**您**洗一下碗吧？

丈夫在接收该话语的过程中产生对妻子有交际意图的最宽泛的期待，当满足该期待的话语解读“妻子意欲让他收拾饭后碗筷”被推导出来后，推理并未结束，因为“您”这一字眼在夫妻间的交际中是个有标的用词，该用词所包含的社会意义引发了新一重期待的附加——对寻找有标词语“您”的使用原因的期待，该期待不影响对话语命题内容的解读，只会造成社会语用意义的增生，因此与原有期待不属于同一认知层面，最终得出的话语解读应满足添加了对这层语用义期待后的新一层关联期待。

4.1.3.3 关联期待在语用推理过程中的复杂调整

上述对期待的泛化与具体化不但可以单独发生，有时这些期待调整方式还可能先后发生在对同一话语的理解中，形成期待在推理过程中的复杂调整，即期待同时受语境制约与话语内容形式制约的影响，前者导致推理过程中某些阶段期待的取消，后者引发新一层级期待在上一层级期待基础上的叠加，如：

例 4.5 甲：咱们吃完饭一起去看看小王吧，听说她病了，该买点什么呢，水果还是花？

乙：我身体也不很舒服！

在甲结束话轮后，他对乙的答语产生性质最具体的一类期待，即期待与“水果”、“花”二者间的选择有关，或者至少是与看病人要买的东西这一话题有关，然而在接收到乙答语后，生成的显义无法与语境结合形成满足原初期待的结果，即“身体不适”无法按照预先设定的推理方向与对“水果”或“花”的选择产生联系，由此，受语境限制话语原初期待及推理方向被取消，期待被泛化调整为与甲话语话题相关的期待，进而按释话人省力原则，依次在具体场合、上下文语境与个人知识结构中寻找足够相关的解释，当将乙话语与上文语境“吃完饭一起去看小王”结合时，“身体不舒服一般不想出门”这一语境假设的可及度增高，作为隐含前提被调用，乙话语找到足够相关的解释；然而完整的话语推理并非终止于此，因为满足该关联期待的解读可以用更简单的话语形式“我不想去”等来表述，既然乙采用了复杂表述，受话语形式的制约又动态演变到下一层级，叠加了一重新的期待——找出乙不直接说“我不想去”的原因，即在传达“不愿去”的隐含意义同时，表达了对甲提议不满的情绪。至此所得解读满足了受语境与话语内容形式双重制约的动态关联期待，话语推理结束。

在上述关联期待动态性的讨论中，我们用期待的性质分类及层级两个概念描述了其在量、方向、内容、认知层面等多个维度上的可调整性，关联期待在推理过程中的动态调整总体来讲有简单调整与复杂（或者称复合）调整两种。前者的调整方式与调整前后期待具体程度的比值相关：若调整结果是对原有期待的泛化，则调整过程为取消，即原有期待在调整过程中被删除，调整后期待由于取消了原有期待中的某些具体因素，且并无新生期待成分加入，所以是被泛化了的期待，这种泛化往往伴随着期待性质的变化；如果调整结果是对原有期待的具体化，则调整过程为叠加，即原有期待保持不变，并在此基础上产生进一步的期待，此时期待的性质可能不变，亦可能具体程度增强。复杂调整为各类简单调整方式的复合，我们可称该过程为期待的修正，调整主要发生在内容的更替上，即原有期待中某些因素被取消的同时又有新期待的加入，使得调整后期待在性质、量、认知层面等维度上均可能与原有期待有所不同。

4.1.4 关联期待在语用推理中的作用

关联理论虽然把关联期待作为其核心概念，在描写话语解读过程时一再使用该概念，但由于探讨不足，对此概念的使用往往受直觉支配，上文的分析在一定程度上弥补了这方面不足；然而关联理论对“关联期待”这一概念使用上的缺陷并不止于此，概念本身探讨的不足还进一步引发了对语用推理中其运作方式描写的不足，本节中我们将对期待在语用推理中的作用做出更为具体的描述，为提高关联话语解读程序（relevance-theoretic comprehension procedure）的可操作性打下基础。

4.1.4.1 关联期待与逆证推理

根据上文的分析，关联期待在语用推理过程中能引发对特定语境范围的预置，并由此增强某些语境假设的可及度，然而需要注意的是，此处我们所说的随某步关联期待产生的突显认知语境并不是指在当时情况下理解话语所需调用的全部语境假设，这是不可能、至少是很难达到的，如果在某一步推理前便可以得知该步推理所需的每一个语境假设，那么也就没有说话人产出话语的必要了。此处的认知语境只是设定了一个语境范围，而非一个个具体的语境假设，理解该话语的语用推理过程中所调用的所有语境假设并不一定都直接与该语境范围相关，但若要使推理的结果满足某步关联期待，至少话语理解的关键步推理必须是在该关联期待所限制的语境范围内完成的。现举一例说明预置语境范围与实际被调用的语境假设间的区别与联系：

例 4.6 （小王、小李、小丽三人是老同学，小丽出国了两年刚回国，小王还没有见到她）

小王：你昨天见到小丽了吧，有什么变化？

小李：嗯，Cinderella 成公主了！

在小王得到回答之前他会对小李的答语产生话题相关的期待，即期待小李的话语不但具有关联，且会是与小丽的变化相关的答案，其预设语境范围是女孩子多年不见后会产生的各种可能的变化。当接收到小李的答语并解码后，小王的预置语境范围内并不包括关于灰姑娘（Cinderella）的语境假设，对该假设的调用是由言语表达形式激活的，然而要使话语的理解满足此处的关联期待，最终的推理结果必须在预置语境范围内得出，因此话语推理的关键就成了寻找关于灰姑娘的语境假设与预置语境范围间的联系，即推理灰姑娘在预置语境范围内的所指及灰姑娘变公主与预置语境范围内对小丽的变化的期待之间的关系等，寻找成功，话语理解的关键步推理在预置语境范围内完成，话语推理结束。

从上述分析中可以看出，虽然由关联期待引发的预置语境范围并不能完全包含实际被调用的语境假设，二者间有区别，但预置语境必然影响对实际调用语境假设的选择，关联期待的存在为语用推理附着了逆证性质，即语用推理不是单纯的从言语表达形式推出显义再得出隐义的单向过程，而是结合言语表达形式及对认知效果的大致期待，来寻找如何建立二者间关系的这种从结果到原因的逆证推导方式，当原因（即上述二者间的关系）寻找成功时话语推理结束，所寻找的原因为话语理解的隐含前提，而具体化后的结果为话语的隐含结论。

然而并非所有的语用推理都具有同等程度的逆证性质，逆证的程度与关联期待的具体程度相关，关联期待越是具体，对推理结果的期待越是明确，由果溯因的程度越高；关联期待越宏观，对推理结果的期待越宽泛，逆证性质越低，对结果的宽泛期待更多的是起一种限制作用，话语推理不但需要溯因，对将结果具体化、明确化的要求也越高。如妻子对丈夫说的一句话“明天我有朋友要来”，当该话语作为“是否需要去超市采购”的答语时，丈夫可以有较为具体的关联期待，推理逆证性强，即被调用的语境假设必须能保证“有朋友要来”与“是否要去超市”之间的关系，若对该话语的理解没有具体语境，则推理逆证性较弱，丈夫仅具有话语与己相关的期待，由于最终的解读需要使话语关联的方式具体化、明确化，而此处宽泛的期待对推导仅能起一定的限制作用，解读的不确定性较强，释话人必须对推导出的话语隐含承担较大的责任，最终可能得出“今天需要收拾屋子”、“明天需要作陪”等多种解读。也就是说，当关联期待仅剩下对足够关联的期待，预置语境范围被逐渐放宽，以致最后释话人对话语的理解暴露在所有可及语境中，此时语用推理的溯因性质最差，话语理解不但需要找出话语如何满足足够关联，更主要的是找出话语与什么关联，对例4.1中B3答语的解读中这一点也体现得非常明显。由此可见，不同性质、层级上的关联期待在不同程度上通过预设话语相关的方向，指导语用推理。

4.1.4.2　关联期待与话语解读的终止

虽然关联理论中一个关键命题就是对输入信息的处理以对关联期待的满足或放弃为操作基点，但由于对关联期待这一概念缺乏深入探讨，也就造成了对话语解读终结方式的语焉不详。一方面，由于关联理论对期待动态性关注不足，导致对通过满足期待来结束的语用推理描写不足；另一方面，推理终止于期待未被满足的情况也有待进一步研究，除了关联理论中提出的由期待放弃导致话语交际性质取消、推理终止的情况外，还有一类期待被确认的同时推理努力放弃的情况。

4.1.4.2.1　关联期待的满足——语用推理终止情况一

推理终止于期待满足的情况在上文对期待动态性的介绍中已描述得较为清楚，在此仅作简要概括。由于交际以改变释话人的认知语境为目的，而大脑中储存的语境假设数量巨大，若无限制，通过话语与语境假设结合产生的认知效果有可能会无限增生，而实际的话语理解过程并不会出现这种情况。为了解释这一现象，关联理论明确提出语用推理的目标是尽量以最小的认知努力产出满足关联期待的足够的认知效果，也就是说以关联期待的满足为限制条件，作为推理终止的判定标准。然而根据上文对期待动态性的描述，期待的满足并不像关联原则中描述的那么简单，在很多情况下，话语推理结束时所得认知效果都不完全满足或完全不满足原有的期待。关注语用推理的过程，必须以捕捉关联期待的动态变化为基础，我们把推理终止于期待满足的情况概括为三种：静态兑现、单向动态兑现与曲折动态兑现。静态兑现即在话语理解过程中关联期待的性质及层级自始至终均未发生过变化的兑现方式，它体现的是最简单的语用推理，如对例 4. 1 中 B1 答语的解读；单向动态兑现是较为复杂的一种语用推理，在推理过程中期待沿某单一方向做过调整，最终得出的认知效果所满足的期待是调整后的期待，这类兑现方式包括上文讨论的对被泛化期待的兑现与对被具体化期待的兑现两种；曲折动态兑现即推理过程中期待发生复杂调整的情况，推理终止时得出的认知效果满足泛化与具体化复合变化后的关联期待。

4. 1. 4. 2. 2　关联期待的放弃——语用推理终止情况二

关联期待的放弃，通常被认为话语理解失败导致语用推理终止，然而关联理论在提出这一点后，却未对该现象做出详细说明，致使在关联期待能否被放弃这一问题上产生了争议（熊学亮，2006），下面我们将基于关联期待动态性来探讨期待放弃致使推理终止的可能及这种情况下语用推理的性质。

假设话语理解过程中不存在期待的动态变化，语用推理终止于对期待放弃是可能的，若例 4. 1 中 A 在理解 B3 话语时不改变初始期待，即必须要从 B 的答语中推导出玛丽是否去舞会的信息，则话语推理最后只能放弃该期待，导致话语无解。然而这并不符合我们的语感，现实中 watch out 必然会附载一定的信息，A 也必然能推导出偏离其预先期待但仍足够相关的认知效果，因为释话人的推理，并非必须获得某特定的认知效果，而只要获得足够的效果即可。在对某些话语解读的过程中，在预置的语境范围内或推理方向上得不到相关的语境效果，虽然推理取消先前关联期待，但此时的取消并不是推理失败终止的标志，而是为了实现对话语的理解，通过对语境范围扩大和推理方向泛化进行的一个推理步骤。正因如此，熊学亮认为，威尔逊在她的个人网站 http：// www. phon. ucl. uk/home/deirdre/上列出的《语用学》课程大纲内举例说明的话语不关联导致对期待放弃的情况是不成立的。威尔逊认为：假如她上完课后有学生走上来说“你的名字叫威尔逊”，或者说“你的名字不叫威尔逊”，这些话所提供的信息要么全旧，要么全新，也不能与原有假设形成新旧信息的互动产生语境含义，所以对这些话语的推理终止于关联期待的放弃。熊反驳道：

关联推理是一种在线的动态认知过程……关联理论也承认语境有大小差异，存在延伸或扩展的可能，即在小语境内（如语句提供的信息）不相关的信息在大语境内（如百科知识介入）可以相关，在原有语境中（比如在两句话之间）不关联的信息在扩展了的语境中（比如在更多的语句之间）可以关联。(2006：2)

上述分析是有道理的，但这并不能说明推理终止于对期待放弃的情况就不存在。我们认为，并非任何期待的取消都会导致推理的终止，但对最宏观的期待即对说话人信息传递意图的期待的取消，确实意味着话语不能得解，最终导致推理努力的放弃。然而不同于对其它期待的取消，对这种期待的放弃，不是由语境因素决定，不是因在可调用语境中无法得出满足该期待的认知效果而被取消，而是由对说话人言语行为的目的性的判定决定，当释话人判定说话人无交际意图时，被处理话语的交际本质被否定，此时推理的终止不是交际的失败，而是不曾有交际发生。关联理论将研究对象明确限制于明示交际，因为明示交际明示说话人的交际意图，必然会引发关联期待，但交际中的言语行为并非对一切听话人均为明示性质，在某些情况下，当释话人对关联期待进行逐步动态调整后，对话语的推理仍不得解时，便会诉诸于最后一步推理，检查他对说话人言语行为目的性的最初评判，即检查说话人的话语是否是对自己的明示交际，随着否定结果的得出，话语的交际性质被取消，推理的必要性也被否定，语用推理由此终止。比如，办公室里只有小李和小王两个人，突然小李说了一句“票买到了吗?”小王在所有可及语境中无法为“票”分配所指，无法得出满足最宏观的关联期待的话语解释，他便翻回头对说话人言语行为的目的性进行判断，当他发现小李正对着手机说话时，他突然反应过来，小李的言语行为的指向对象并不是他，此时小王对小李话语的关联期待被取消，由于没有必要再对该话语解释下去，语用推理结束。此时推理的终止和话语理解的失败，不是交际失败，而是小王与小李间本来就没有交际发生。

4.1.4.2.3　关联期待的确认与推理努力的放弃——语用推理终止情况三

关联理论虽没有说明，由期待放弃导致推理终止的实质是对话语作为交际行为本身的否认，但至少对该类情况还有所提及，然而它对关联期待被确认、推理被放弃的情况，则是完全没有考虑的。听话人放弃话语解读亦可能是在明确说话人交际意图和认可话语具有关联期待的同时，对推理努力的放弃。

一则话语是否具有明示性质，往往要经过一个判断的过程，如上节例子中，小王会将小李的话语理解为明示交际行为进行处理，是因为办公室只有他们两个人，一方的发问容易使另一方将其言语行为的对象定为自己，期待话语有信息对己传达。在其它情况下，说话人还常常在交际前，使用一些语言或副语言手段，如先唤一声听话人的名字，或先刻意清一清嗓子，或通过眼神接触，以此来吸引听话人的注意力，表明接下来的言语行为有交际意图传递，当听话人捕捉到这些明示交际的提示信息后，必然会产生关联期待。无论是显性还是隐性的提示信息，只要听话人判定该话语具有明示性质，话语的关联期待便被确认，除非有明确的关于言语行为目的性的新情况被发现（如上例小王发现小李是对着手机讲话）。其它情况下对话语的宏观关联期待，即说话人对己有信息传递意图的期待，不会被取消。在宏观期待被确认且无法取消的情况下，若可及语境假设均无法使话语得解，则推理努力放弃。不同于宏观期待被取消时推理努力的主动放弃，此时语用推理更多地是被迫放弃，如：

例 4.7　（卡特（Cater）是一个天体物理学家，杰克（Jack）是负责其项目安全的军方人员，对科学的东西知之甚少）

Jack：Is it safe?

Cater：Well, it is corona mass emission, like a giant solar flare. Apart from disrupting magnetic field, it might cause significant increase in surface radiation. But the equipment coded X902 we brought here can function…

Jack：Ah——. Is it safe?

Cater：As long as we don't stay here too long, yes.

Jack：Thank you.

该例中卡特在回答杰克的问题时试图提供尽量多的信息，让杰克有更多的了解，自己去评估安全性。尽管话语是明示交际，杰克明确知道卡特有对己的信息传递意图，即话语明确传递了关联期待，但话语的实际内容无法与杰克脑中任何可及的语境假设结合产生足够的认知效果，他只能被迫放弃推理，通过打断卡特，要求她重新组织能对自己产生足够认知效果的话语，来弥补由被迫放弃推理而导致交际失败所造成的损失。

这里需要注意的是，在明确说话人有交际意图，但受自己能力限制无法推出结果的情况下，释话人除了可以像上例中杰克一样明确向说话人寻求帮助，还可以将对该话语的解读留在短期记忆内，等待接下来的交际提供合适的语境假设对其进行解读，此时对话语推理的放弃往往不是即时的，而具有一定的延续性，因为在明确说话人有信息意图传达的情况下对推理的放弃必然造成交际的失败，释话人为了将交际的损失减到最少，就会尽量延缓推理放弃的时间，以求在拖延的时间内扩大可及语境的范围，找到能与话语结合产生足够认知效果的语境假设，如：

例 4.8　（一个孩子生病到医院就诊，需要抽血）

Doctor：Now I'm going to take a little bit of your blood with that needle.

Child：Can I have my blood back when it is done?

Doctor：I'm afraid not.

Child：（hesitating）…

Doctor：Just look at those trees outside! Have you seen the falling leaves? Leaves fall from the tree once a year, but the tree still grows strong and proud.

医生的最后一个话轮的前两句话语与前文丝毫不相关，如果不听到最后一句话，前面每句话都无法单独产出足够的认知效果来满足与话题相关的关联期待，对这类交际，就需要延迟期待放弃才能得解。当然延迟的时间因人因情景而异，且不一定延迟就必然能得解，如例 4.7 中对卡特第一次答语的解读，延迟后仍无解时，推理终止，交际失败，只有通过再向说话人求助的方法来补救。

4.1.5　关联期待的影响因素

从上文分析可以看出，关联期待通过预测话语与何相关而在一定程度上指引语用推理的方向，并最终决定话语推理的终止，语用推理的过程也就是捕捉实时关联期待并尽量满足它的过程。一方面关联期待可能是简单的静态兑现，因此我们有必要对影响并决定初始期待性质、内容的因素作一分析；另一方面，期待可能经历动态调整，而期待的变化又分两种情况：暂时搁置和真正意义上的改变。是什么因素导致关联期待的各类动态变化？期待在何种情况下只是被暂时搁置？又在什么情况下会被真正的泛化或具体化？本节旨在解答这些问题。

4.1.5.1　影响初始关联期待产生的因素

对认知效果的期待产生于话语解读之初，而对期待的调整发生在话语接收与解读的过程中，因此二者的影响因素不尽相同，需分别予以讨论。

在言语交际过程中致使期待产生的主要因素有两种：首先各类显、隐性的明示刺激（ostensive stimulus）会引发最宽泛的关联期待。关联理论认为明示刺激不同于一般的刺激，必须满足两个条件：足以引起释话人注意且能将其注意引向交际者的意图。由于说话人产出话语是为了获得听话人的注意，由此暗示听话人她意图通过话语传达的信息足够关联、值得注意，因此所有的话语均为明示刺激，言语交际都是明示交际（Sperber&Wilson，1995：153～155）。我们认为，话语的确是明示刺激，但仅为隐性的明示刺激，因为虽然发话往往以交际为目的，然而有些话语也可能是说话人的自言自语或者自我发泄，并无与他人交际的意图，此外，在有众人在场的情况下或者与上文“打手机”一例类似的情况下，话语指向对象不明，信息传递对象不确定，言语所暗示的“话语与接收者相关”这一信息也可能被否定，致使该刺激引发的“话语对己传达交际意图”的期待被取消。因此话语作为明示刺激是隐性的，交际中话语的主要作用是为交际者意欲传达的信息意图充当载体、为语用推理提供原材料，而作为隐性明示刺激引起释话人注意并明示说话人有交际意图只是其次要功用；显性明示刺激不同于前者，其表现形式多样，如刻意的眼神接触、肢体接触、拍手、敲击玻璃杯或呼唤某人姓名等，它自身并不传达实质性内容，而以明确向某人要求其注意为目的，作用在于向他明示说话人意图下面的话语对他相关，进而促使或进一步肯定释话人对随后话语采取符合交际关联原则的信息处理方式。较显性明示刺激来讲，隐性刺激的可靠性较差，有被否定的可能，也正因如此，实际的言语交际往往是显、隐性明示刺激共同配合的结果。由于显性明示刺激自身不传达任何实质性信息，它作为理解言语交际的辅助手段，不能孤立存在，然而作为隐性明示刺激的话语，因其自身亦具有一定的明示能力，因此在某些场合下有脱离显性明示刺激单独使用的可能。

既然明示刺激仅能引发最宽泛的关联期待，而初始期待可以具有任意一种性质，那么在话语解读之初的较为具体的关联期待又是由什么引发的呢？这就是影响期待产生的第二种主要因素——上文语境。交际作为两方或多方间的言语互动，只有一个始发话轮，在产出或解读该话轮的内容后，交际双方均期待其余话轮是对始发话轮中话题的相关延续，交际各方对同一话题的交流能使交际成功进行，若各谈各的话题，牛头不对马嘴，则不会有交际发生，因此这种由始发话轮及每一个上级话轮提供的上文语境会促使下文解读获得较为具体的对话题相关的期待。根据上文语境构成的不同，有时还会引发对下一话轮传达信息的最具体的期待，由特殊疑问句（如“现在几点了?”）或一般疑问句（如“明天的课你去不去?”）引出的上文语境往往使下一话轮的释话人在解读前产出对认知效果的最具体的关联期待。交际过程中可能会有话题转换发生，但交际者往往会通过各种语言手段使这种转换平稳进行，不会令人觉得突兀，其原因也就在于突然的话题转换会引发释话人预置的、较为具体的关联期待突然取消并重建，增加释话人的解读努力。

4.1.5.2　影响关联期待调整的因素

上述影响关联期待产生的因素可归结为期待的语篇性，而对引发期待调整的主要因素的探讨则需对期待作句内分析。在对话语进行解码与解读的过程中原初期待的调整概括来讲由话语的内容或形式造成：

话语内容对期待的影响主要由以下几种因素造成：在原期待条件下指称分配失败可能造成某具体期待的取消（如例4.1的B3）；话语内容否定原期待存在的先决条件可造成期待调整（如例4.1的B2）；某些用词带有的与原期待不符的突显附加义造成对使用该语词原因寻找类期待的增生（如例4.4）。这几种因素造成的期待调整都是受语境制约的结果，或是没有可以与话语结合以满足期待的语境假设，或是话语提供的新语境假设直接将期待取消，抑或是话语引发与期待不符的语境假设且二者势均力敌、无法取消对方，由此新增期待。

话语形式对期待的影响主要由两个因素引发：有标言语表达形式与语序。在存在常规表达方式的情况下使用有标的令人费解的表达形式会引发对采用这种有标表达原因寻找的期待；语序对话语的在线解读有很大影响，原初期待越是宽泛，解读过程中语序对期待调整的影响作用就越大，特别是当原初期待仅为对交际者有交际意图的期待时，无法通过关联推理方向上的限制对话语解读予以宏观上的把握，语序会极为重要，因为先被解码的语词会为后续语词的解读提供一定程度上的关联方向，使期待逐步具体化（参照例4.2）。

4.1.5.3　关联期待调整所需满足的条件

能影响关联期待调整的潜在因素虽然不少，但并不是解读过程中只要遇到了这些因素，期待便必定发生调整。对期待的调整有严格的限制条件，无限制的随意泛化会使话语解读最终停留在字面意义上，而无限制的具体化会使推理发生没必要的增生。

由于关联期待有三种性质，且对三类期待的取消条件各不相同，此处需逐一讨论：首先，对说话人有交际意图类期待的取消不能仅由话语解读失败决定，对最宽泛的关联期待的放弃必须由对说话人言语行为目的性的判定决定，这在上文关于“期待与推理终止”一节中已做过探讨，不再赘述。

其次，说话人意图传递的信息与某话题相关的期待是最不易被取消的一类期待，因为该类期待的性质决定对它的取消具有相对性，话题相关并不总需要是围绕该话题的具体内容，“说话人不想谈论该话题”这一信息本身也可以作为与话题相关的认知效果的一种，正因为这种效果的存在，对话题相关的期待不能被绝对取消，此类期待被暂时搁置的可能性最大，如：

例 4.9 （A、B 二人刚下课从教室走出来）

A：这老师上课简直就是在唱催眠曲。

B1：是啊，我真差点就睡着了。

B2：今天天气不错啊！

B3：快看，那就是我上次跟你提起的女孩，怎么样，漂亮吧？

从 B1 答语得出的解读以常规方式满足与话题相关的期待，B2 答语在何种期待指导下都无法得出相关解读，但经过对说话人言语行为的目的性的判定，说话人交际意图的期待亦不能被取消，释话人只能返回头寻找说话人产出这句不相关话语的原因，得出话语内容不相关是为了突显发话这一行为本身的相关，任何与原话题不相关的发话都是“不合作”的交际行为，表明说话人不愿对上一话轮中的话题进行讨论，如果释话人此时注意到被他们评论的老师正走在他们后面，则为“说话人意图停止原话题”的话语解读找到了支持，由此满足了先前被暂时搁置的与话题相关的期待，只是期待满足的方式较不典型。对于 B3 答语，由于无法得出满足原初期待的解读，该期待被暂时搁置，进而寻找对被泛化期待的满足，首先在物理语境中找出话语显义充实方案，然后根据对“话题中所指的女孩迎面走来，正是观察她的最好时机，若错过时机则该话语信息将不再有意义”的推理，得出该新话题在发话时刻比原有话题更相关，由此将话语解读为“意图引起另一话题”，满足被泛化后的关联期待，推理终止，对与原话题相关的期待被“取消”，就是说，期待的暂时搁置演变为对期待的调整，但并不绝对，因为释话人在解读出以上话语信息后仍可以进一步推理出“我们可以稍后再谈论原话题”等认知效果，从而在微弱程度上满足原期待。由此可见对这类期待的取消仅是程度问题，决定程度大小的因素是新话题与交际双方的相关程度，与释话人预期相关的话题相比，新话题与交际双方的相关度越高，说话人意图话语信息与原话题的相关就越小，与原话题相关的期待被取消的程度就越高，相反，新话题的相关度越低，与原话题相关的期待被取消的程度也越低，如本例中 B2 答语所示。

与上述情况相比，取消对说话人意图的具体内容的期待具有绝对性，其必要条件是话语与语境结合得出明确用以否定该期待存在理据的语境含义（如例 4.1 的 B2）。若该条件不被满足，即使无法得出满足该重期待的解读，最具体的期待也不能取消，只是被延后，即暂时搁置，如：

例 4.10　A：下午去不去游泳？

　　　　B：今天礼拜几？

这个回答无法满足对“去与不去”的具体期待，却也不能与语境结合产生取消期待的语境含义，因此该期待被搁置，但不被取消，B 的询问可能是做出确切答复的前提条件，如“若今天是周末就去，工作日就不去”等，释话人 A 会期待 B 在下一个话轮中给出满足该期待的信息，在对 B 答语解读后期待只是被顺延。

上面讨论了关联期待泛化所需满足的条件，对关联期待的具体化也同样不是随便发生的，也有其特定的限制条件：在解读话语时释话人除了有对话语内容、量、方向等维度上有意识的期待外，还有对话语反映的双方社会关系符合自己预期、对言语表述无标性等的潜意识期待，不同于有意识的期待，这些潜意识期待通常不会被违反，不需要刻意费力去满足，也没有被注意的必要。然而一旦这些期待在解读过程中被违反，它们就会上升到意识层面，与对有意识期待的违反一样，在原有期待的基础上追加对违反潜意识期待原因的寻找期待，从而增加话语解读所需付出的认知努力。这种由潜意识期待造成的期待具体化调整只能发生在它被违反的情况下，其它情况下建立在潜意识期待基础上的期待附加都只能是琐碎性质的、无意义的期待增生，在现实话语解读中不存在，如：

例 4.11　A：Do you love me?

B1：I do.

B2：I'm fond of you.

B2 答语以 be fond of 替代了 love，这种有标表达形式违反释话人的潜意识期待，引起期待的具体化调整，增加对使用该有标表达的原因的期待。但对 B1 的解读为对初始期待的静态兑现，不存在对潜意识期待的违反，在解读该答语时，释话人不会因为说话人说的是 I do，没有使用类似 be fond of 等有标表达，便产生对使用这种常规语词原因的期待，解读出“说话人不仅仅是喜欢我，而且还爱我”等认知效果。这种无意义的期待增生会令释话人付出额外的认知努力却收不回更大认知效果，故而不会被奉行经济原则的人类大脑认知机制容许。

4.2 认知效果的复杂性及其对推理性质的影响

认知效果是关联理论或者说认知语用学中的又一重要概念，它是语用推理的目的，认知效果的取得是交际成功的保证，而且它还和认知努力共同决定着关联程度的大小。然而关联理论对该概念本身及涉及该概念的推理问题的讨论亦有问题，在本节中我们先介绍关联理论对认知效果的描述及其中存在的问题，然后在此基础上更进一步的认识这一言语交际中关键概念①。

4.2.1 关联理论框架中的认知效果

斯波伯和威尔逊（1986/1995：122）给出关联的概念为“**当且仅当**一则假设在某语境中能产生语境效果时，该假设在这个语境中具有关联性（黑体为笔者所加）”（An assumption is relevant in a context if and only if it has some contextual effect in that context），由此可见关联理论将认知效果作为关联的充分必要条件。对于认知效果的产生，关联理论提出了三种方法：言语携带的新信息与原认知语境中的旧信息结合产生语境含义、新信息加强原有语境假设的强度

① 需要说明的一点是，关联理论中有语境效果（contextual effect）与认知效果（cognitive effect）两种说法，斯波伯和威尔逊（1995：265）在《关联性：交际与认知》修订版的后记中讲道“一个人获得的语境效果就是认知效果”（Contextual effects in an individual are cognitive effects），认知效果就是“产生在认知系统中的语境效果”（a contextual effect occurring in a cognitive system），也就是说认知效果与语境效果二者可视为同一概念，为简便起见此处仅使用“认知效果”一个名称。

及新信息与原有语境假设矛盾进而取消原假设，全新或全旧的信息不具有认知效果。作为决定关联的充要条件，认知效果必须被予以全面细致的界定，而我们认为关联理论对认知效果的描述有简化问题的倾向：

首先，用新旧信息作为产生认知效果的原材料有简化认知效果内容之嫌。信息具有命题性质，命题与命题间互动的结果也必然具有命题性质，因此由新旧信息互动产生的认知效果只能被限定在命题这一认知层面上，而实际言语交际中释话人取得的认知效果往往并不会仅限于该层面，说话人对所表达命题的主观态度等社会、语用、情感因素也常属于被推理之列。如上文例4.4妻子想让丈夫洗碗时所说的话语中“您”一词的应用就是要通过对二人间社会关系地位的刻意颠覆体现语用情感层面的认知效果，与言语所包含的命题内容无直接关系。由此可见用命题来限制认知效果会将许多释话人实际推理的结果排除在外。

其次，关联理论对认知效果产生方式的三分法与它对话语解读对象（说话人意图）的界定间存在矛盾。举一简单的例子来说明：

例4.12　A：现在几点了？

　　　　B：快十点了，怎么了？

A原有认知语境中没有关于现在时间的信息，当他解读B答语时，B所提供的字面信息对他来讲是全新的信息，根据关联理论对认知效果的界定，全新的信息不具有认知效果，A若意图从B的答语中取得认知效果就必须将该新信息与其原有认知语境中的某些假设相结合推出语境含义，如原有语境假设“领导规定我十一点前交报告”，结合新信息“现在快十点了”，则可得语境含义“我只剩一个小时来完成报告了”。也就是说，B答语所提供的新信息本身不是语境效果，该则交际产生的真正语境效果是“A只剩一个小时来完成报告了”。然而B在回答A的问题时并不知道这个回答与A有何关联，这一点从他的反问“怎么了”中可以看出，即B作为说话人在发话时她的意图仅是充分合作地给予A他所需要的信息，对A接收到该信息后的其它推理毫不知情，根据关联理论对释话人解读内容的限制（仅为说话人的意图），A在接收到B答语后的附加推理均不属于交际。由此在该例中，关联理论对认知效果的要求与对交际内容的要求便产生了矛盾，前者要求A必须进行与B并不互显的进一步推理，得出相关的认知效果，交际才算成功，而后者则规定交际止于对B

答语本义的解读。

此外，关联理论框架中讨论的认知效果还有将语境问题简化之嫌。从上文转引的“关联”概念中可以看出关联理论将认知效果置于语境中讨论，即所谓的效果是在某特定语境中的效果，相关也是针对某特定语境的相关，然而言语交际中的关联是指与释话人的关联，可以指向与释话人相关的任何语境，因此认知效果的取得并不仅涉及一个认知语境，同样的信息在某个语境中只是全新的信息、不能产生任何认知效果，而在另一语境中则可能与某些已有假设结合产出认知效果，如：

例 4.13　（A、B 为正在上自习课的学生）

A：昨晚的《笑傲江湖》演到哪儿了？我家后来停电了。

B：这道题怎么做啊？（引自黄华新、胡霞，2004：252）

黄、胡二人用此例来说明认知语境的主客体间性，我们转引此例来看突显认知语境的可变性，B 发话时，A 最突显的认知语境是关于《笑傲江湖》电视剧的剧情，B 提供的信息无法与该语境中的任何假设结合产出认知效果，B 答语在该语境中不具关联性。然而 A 在找不到 B 不合作理由的情况下，不能放弃（至少是）最宏观的关联期待，他只能放弃原语境、寻找当前环境中其它输入刺激并激活其它语境或建构新认知语境，以结合 B 答语信息（即关于学习的问题）得出认知效果，此例中 A 通过观察到“老师的突然到来”这一输入刺激，激活了关于课堂的语境，并调整了原有语境突显度，使新激活的语境最为突显，通过调用该语境中“课堂上在老师面前不能谈论与学习无关的内容”的假设，为 B 答语找到相关，产出认知效果“B 提醒 A 放弃原话题”。由此可见，关联不是针对某特定语境而言的，新旧信息的结合或是新信息对旧信息的增强、取消可以发生在释话人可调用的任何语境中，尽管在某特定语境中这三种方式可以决定认知效果的有无及话语的关联性，但从宏观交际的角度来讲，推理可以在不同的语境中进行，三种认知效果产生方式的可执行与否由释话人的语境调用来决定，语境调用的不同直接影响着认知效果的有无，也就影响着关联的有无。关联理论用认知效果的产生作为满足关联的充分必要条件，而认知效果由语境调用决定，语境调用又受关联期待的影响、以寻找关联为指向，这便产生了关联指导认知效果、认知效果决定关联的循环怪圈。

4.2.2 关联优选推理模式下对认知效果的再思考

关联理论框架下的认知效果之所以会产生上述问题主要是由于对概念本身的考虑不足，关联理论花了不少篇幅界定认知效果的三种产生方式，也详尽介绍了不能产生认知效果的各类情况，却因局限于言语携带的命题这一个认知层面，而造成问题的简化，此外关联理论对认知效果性质、分类等方面的疏忽更加深了对其认识上的简化。下面我们就来重新认识言语交际中的认知效果，并在此基础上消除或避免上述问题，为基于关联的推理模式的建构作铺垫。

4.2.2.1 认知效果来源层面及产生方式的复杂性

在言语交际中认知效果是释话人话语解读的结果，释话人对言语的解读可能会在多个认知层面上进行，这就决定了认知效果也会发生在多个层面上。话语携带的命题内容引发的认知效果是最主要的一类认知效果，往往是决定交际成功与否的关键，其它层面引发的认知效果则更多的以附加物的形式存在，丰富及加强对话语的理解。可能正是基于此原因，关联理论在描写认知效果时只讨论了与话语命题有关的内容，而忽略了其它层面引发的效果，此处我们就来重点讨论非话语命题内容层面上的认知效果：

（1）语词联想意义引发的认知效果。利奇（Leech，1981）将意义分为三大类、七小类：概念意义、联想意义（其中包括内涵意义、社会意义、情感意义、反映意义及搭配意义）、题元意义，对概念意义的把握是理解话语的必要条件，题元意义是与话语结构有关的意义，而联想意义则是语词诱发认知效果的又一大根源。词语在使用过程中均潜在体现出其所包含的各类联想意义，这些不同层面意义完美的融合在说话人意义的表达之中，释话人对它们的把握往往是潜意识的，且并不会引发附加认知效果的产生。然而当这些意义与释话人认知语境中的已有假设发生不一致时，对这些意义的把握便会从本来的无意识上升到有意识，解决这种冲突的结果便是附加认知效果的产生，举一例说明：

例 4.14 （夫妻吵架后刚和好不久，二人间关系正处在解冻期）
妻子：**咱爸**今天打来电话，让咱们晚上回家吃饭。

因为妻子的父母均在另一个城市，这句话中指示词语的指称很容易确定为男方的父亲，在话语解码与显义充实完成后，命题层面引发的认知效果便可轻松得出，然而这并不是话语解读的全部。在双方关系正常时妻子与丈夫提到他家人时总是用“你家”、“你爸”、“你妈”等词汇，这次却用了“咱爸”，虽该词语与“你爸”的指称相同，但联想意义大不相同，前者与后者相比，大大拉近了交际双方彼此间的社会距离，有更为亲近的感觉，这种与听话人原认知语境假设不一致的联想意义引发了他对“妻子意图以较为含蓄的方式加速双方关系的缓和”这一重认知效果的解读。此处的附加认知效果由语词联想义与释话人原语境假设间的矛盾造成，由于联想义与原假设的确定度（confirmation value）基本相当，认知效果的产生不会源于二者间的取消与被取消，它们间的矛盾在原关联期待的基础上引发新一层期待——对二者发生矛盾的原因的寻找。在对该重认知效果推理的过程中，源于话语的新信息——“咱爸”的联想意义与旧语境假设结合，并不产生认知效果，而是仅起到引发效果的作用，在已知两个强度相当的、相互矛盾的语境假设的基础上逆证推导产生这种情况的原因。新信息既不会加强或取消旧信息，亦不会通过相互结合便直接演绎推理出认知效果，这种关联实现方式在关联理论中尚未被讨论。

（2）言语表达形式引发的认知效果。话语结构同样有可能引发与话语命题层面无关的附加认知效果，当有标的言语表达形式取代无标形式出现在话语中时便会导致新一层关联期待的产生，进而引发对新一重认知效果的推导。这类认知效果的产生方式只有一种，与上一小节中描述的情况类似，只是引发矛盾的而不再是语用层面上新、旧信息间的冲突，而是表达形式层面上的冲突，话语表现出来的形式与人们头脑中对常规形式的假设相背离，由此引发对作为认知效果的冲突原因的推理，如：

例 4.15　（玛莎（Martha）与裘德（Jude）二人刚认识不久，互有好感，玛莎未事先通知裘德便去造访，在裘德家中碰见两个管他叫爸爸的小孩）

Martha：So you are D-I-V-O-R-C-E-D?

Jude：Actually，I'm a W-I-D-O-W-E-R.

在该交际中对命题层面认知效果的推理并不能结束话语解读，说话人在明确意识到拼写方式与常规的话语产生方式二者间冲突的情况下，用前者代替后者，引发对确定程度相同的新、旧假设间矛盾问题原因的寻找，最终得出附加认知效果“因为意图避免在场的孩子心灵受到伤害，所以使用了复杂的、孩子无法解读的言语表达形式”。

（3）话语命题引发的认知效果。话语命题层面引发的认知效果是关联理论详细探讨的对象，此处不再讨论，该层面认知效果的产生方式即输入的新信息 P 和旧信息 C（原有语境假设）的互动方式，因为 P 只有（积极地或消极地）改变了 C 才能产生认知效果。这种改变方式有三类：P 增强 C；P 消除 C；P 与 C 结合产生语境含义，即 P 在 C 中的语境化。第三类认知效果产生方式需派生出单个 P 或单个 C 不能独立派生的语境含义：

1. 当且仅当 P 和 C 的组合非琐碎地（non-trivially）隐含 Q，以及 2. P 和 C 分别不能独立地非琐碎地隐含 Q 时，P 假设在 C 中才能语境隐含 Q 假设。（熊学亮，2005：1）

（4）话语超命题引发的认知效果。超命题层面中的“命题”一词说明该层认知效果的产生与命题层引发的类似——均与语句义有关，“超”则说明认知效果并不直接与话语命题义有关，而是浮于命题义之上的宏观意义，也就是说，认知效果的产生并非具体的命题义在原有假设中的语境化，而是“具体命题义无法通过语境化满足关联期待”这一更高一层的超命题，与关于交际方式的语境假设“说话人刻意说出不相关的话语表明她由于某些原因不愿谈论原话题”结合，得出“说话人无意谈论与原语境相关的内容”这一超命题层的认知效果。超命题层面的认知效果可以单独发生，独立作为说话人意图传达的主要内容，但更多情况下它还是同命题层面的认知效果同时发生，如上文例4.13 自习课一例中 B 说出的刻意无关的话语不但在超命题层面上引发了“说话人不愿继续 A 话题”的认知效果，同时话语的命题内容也起到了促使释话人找到话题突然转换的原因的作用，产出了认知效果。

综上所述，引发认知效果的因素多种多样，命题内容引发的认知效果只是其中一类，除此之外词语联想意义、话语表达形式及超命题因素也能引发认知效果，实际的言语交际可以同时传达多个层面引发的认知效果，在其它条件一定的情况下，产出的认知效果来源层面越多，话语越相关。

关联理论虽详细讨论了命题内容引发的认知效果的产生方式，却对非命题因素引发的认知效果关注甚少，而这些认知效果的产生方式并不能完全由关联理论描述的三种来概括，为此我们进行了补充：除了话语携带的新信息增强原有假设、取消原有假设，话语内容与语境假设结合、通过非琐碎性质的演绎推理引发语境含义外，互不相容的新旧假设还可能因为确定程度的近似而不能相互取消，由此成为被解释的对象，通过溯因推理引发认知效果的产生；此外，话语内容还可能无法在原有假设中语境化，而该情况本身会作为超命题层面的新假设，重新通过新旧假设的结合产出认知效果。

4.2.2.2　认知效果性质的复杂性

从上文分析可以看出，认知效果并非均具有与言语信息有关的命题性质。任何在交际中使用的言语都不可能单纯的作为传达命题信息的工具，维索尔伦（Verschueren，1999）在语言顺应论中指出任何言语表达的选择都是对物理、社交与心理三重世界顺应的结果，即说话人在构思话语时必然对社会规约、交际双方间的社会关系、心理距离等等社会、心理因素做出考虑，并反映在言语表达之中，因此言语表达均有意无意地传达着社会、心理层面的信息，包括说话人的态度、情感等。当说话人对这些非物质层面因素的顺应结果符合释话人对它们的期待时，即说话人对当时场合下与交际有关的社会、心理因素的估计、定位与释话人一致时，这些顺应结果作为潜意识层面的内容辅助交际进行，其自身不会达到突显（salience），不满足任何一类认知效果产出方式的要求，不产生认知效果；相反，当释话人对这些社会、心理因素应体现的样态的定位与说话人不一致时，或定位不确定、期待通过交际与说话人协商定位时，言语中对社会、心理世界的顺应便以突显的方式表现出来，被释话人进行有意识地推理解读，通过与释话人原有语境假设互动，产生非命题层面的反映社会、语用、情感等主观意义的认知效果。由不一致造成突显、进而引发此类认知效果的情况还以例4.4妻子想让丈夫洗碗的话语为例，“您”一词的使用违反了对社交世界中交际双方的关系（夫妻关系）的顺应，造成突显，引发认知效果；由不确定造成突显、产生认知效果的情况如下：

例4.16　（玛丽知道莫道克（Murdoch）写的每一本书皮特都会买，最近她在书店发现了莫道克的一本新书）

Mary：Iris Murdoch's new book is in the bookshops.

（Sperber&Wilson，1995：160）

这是《关联性：交际与认知》书中的一个例子，在附加语境信息“皮特已得知此事”后，用来说明此时的话语虽然不相关（玛丽的话语提供的是全旧的信息，没有认知效果），但并不违反关联原则，因为玛丽在发话时是试图相关的，只是意外造成了不相关。而我们此处借用该例，通过进一步附加语境信息，说明释话人对交际双方关系的不确定引发对协商的期待，进而致使非命题性质认知效果的产出：假如皮特做错了事情，一直在争取玛丽原谅但并未成功，突然有一天玛丽主动跟皮特说了上面的话，尽管话语命题义提供了释话人已有信息，不能引发认知效果，但由于上述语境的存在，在说话人准备发话时，释话人会对说话人的态度等主观情感抱有认知期待，从而引发对其有意识的解读，进而得出非命题层面的认知效果——交际双方间的冷冻关系开始有起色。

需要注意的是，尽管命题性质的认知效果往往由命题因素引发，但话语命题引发的认知效果并非全是命题性质，如上例中话语命题引发的就是说话人态度、情感等非命题性质的认知效果；此外其它因素引发的认知效果的性质也是多种多样，认知效果的诱发因素与其性质之间并不存在对应关系，从这两个维度对认知效果的分类有重叠之处，但并不重合。

4.2.2.3　认知效果类型的复杂性

本节分别从三个维度出发，对认知效果进行分类，首先探讨认知效果在与说话人意图间关系维度上的分类，进而依据认知效果自身的确定程度进行另一重分类，最后通过对诗意效果、隐喻效果等的再探讨，澄清对认知效果的又一思考维度。

4.2.2.3.1　语境隐含与非隐含类语境含义

关联理论将由新旧信息结合产出的认知效果定名为语境含义（contextual implication），这与“交际传达的是说话人意图”的观点存在不一致，因为语境含义并不等同于语境隐含（contextual implicature），二者是包含与被包含的关系，后者指前者中与说话人意图有关的部分。由此，我们根据说话人意图的存在与否将认知效果分为语境隐含与非隐含类语境含义两种。语境隐含类的认知效果是关联理论的主要讨论对象，此处不再赘述。非隐含类认知效果受关联交际观影响，是关联理论排斥的对象，而这里我们要说明语境含义与语境隐含二者不能等同，非隐含类认知效果不容忽视。

所谓非隐含类语境含义指的是言语表达引发的非说话人意图的认知效果。话语解读开始时释话人的关联期待可能并不与说话人的话语意图完全重合，话语解读过程中释话人接收的言语表达亦可能引发非说话人意图的期待增加或调整，在这些情况下就会产生非隐含类的语境含义，如：

例 4.17　（飞机因为大雾而延误起飞，当航班恢复后机长在起飞前对乘客说）

Once we are in the air, we'll fly as fast as possible. (Verschueren, 1999: 164)

维索尔伦讨论该话语携带的无意的幽默附加义（unintended additional meaning with a humorous effect），由此来说明语言使用的动态性，此处转引该例来说明语境含义并不等同于语境隐含，而是其上级概念：乘客在解读该话语时不但捕捉到了说话人的交际意图，同时还因为“fly as fast as possible”这一言语表达而引发了对幽默认知效果的解读，在这种正式的机长向乘客致词的场合中，被宣布的内容是严肃的，滑稽是应该避免的；且从机长的英语腔调中可判断他是德国人，因此释话人有理由相信这种幽默效果并非说话人的本意，而是由于英语掌握程度不够而造成的言语使用失误。然而这并不影响释话人对该认知效果的解读，无论说话人是否有传达此信息的意图，语言表达本身（即词语“fly”与短语“as fast as possible”的结合）自动生成意外联想意义，引发幽默解读，这种认知效果就是非隐含类的语境含义。

巴赫（Bach, 2006: 29）讲道：“话语的意义，尤其是话语的隐含必须与其它推理结果区分开来，尽管它们都是由说话人发出某话语这一事实推出的。”（What is meant and in particular what is implicated must be distinguished from anything else that may be inferred from the fact that the speaker made the utterance.）他的这种区分也在一定程度上支持了我们此处的分类。然而需要说明的两点是，一方面，虽然根据说话人意图的参与与否我们把语境含义分为语境隐含与非隐含类语境含义两类，但在实际的推理过程中这两大范畴的界限并不分明，依据释话人对某认知效果体现的说话人意图的确定程度，这两个原型范畴构成一个连续体，明确为说话人意图的语境含义即典型的语境隐含，明确不含说话人意图的则是典型的非隐含类语境含义，还有某些说话人意图体现程度难于确定的认知效果，它们则是两个范畴的非典型成员，如第三章中例3.4，虽然可以从中国联通的电视广告词推出对移动公司同类产品的贬低之义，但对这重认知效果是否是说话人意图交际的内容却很难有定论，释话人只能根据自身的推理将该认知效果定位于二范畴构成的连续体中间的某位置；另一方面，非隐含类语境含义虽然指与说话人意图脱离的情况，但与说话人意图脱离并不一定意味着该认知效果会被说话人否定，从“说话人发出某话语这一事实”推理得出的还可能是说话人发话时的心理状态、个人憎恶等等，这些信息不是她有意识要传达的，却由她发话这一事件本身自然承载，信息本身是正确的，因此它们虽非说话人信息意图，却也不会像例 4.17 中的幽默认知效果一样明确被说话人以失误为理由而否定，如例 4.17 中通过机长发话的语音语调推断出他是德国人，或至少非英语国家的人，进而再推出他的英语使用水平有限，这些认知效果均不是说话人意图传达的，但这些认知效果的正确性也不容反驳。

4.2.2.3.2　强语境含义与弱语境含义

正如上节末尾讨论所示，认知效果对说话人意图体现程度的高低与认知效果自身的确定程度没有必然联系，在区分语境隐含与非隐含类语境含义的同时，还可以从效果本身确定程度的角度对认知效果作另一重分类，将其分为强语境含义（strong contextual implication）与弱语境含义（weak contextual implication）两个原型范畴，前者指释话人对解读出的认知效果有不低于一定程度的把握的情况，后者则恰好相反，描述的是释话人对推理结果没有把握的情况。从这个角度对认知效果的认识与上节的讨论处于完全不同的层面，没有对应关系：不是说话人意图的语境效果可以具有很高的确定程度（如例 4.17），明确是说话人意图的语境效果也可能确定程度很低，如：

例 4.18　Peter：Do you want some coffee?

Mary：Coffee would keep me awake. （同例 3.2）

玛丽提供的答语可以通过两种截然相反的解读来满足皮特的关联期待：她想保持清醒所以要喝咖啡；她怕失眠所以不想喝咖啡。假设玛丽认为皮特具有对该答语正确解读所需的语境知识，而实际上皮特的认知语境中并不含这种假设，此时虽然他明白这两种解读之一必然是玛丽意图其推理的结果，然而到底如何取舍他无法判定。也就是说，皮特用以推导语境隐含的语境假设强度不高，由于推理结果的强度不能高于推理前提的强度，无论他最终选择哪种解读，该认知效果由于自身确定程度不高而被归入弱认知效果，同时又由于明确体现说话人意图而属于典型的语境隐含。

关于从自身确定程度角度对认知效果的认识，还有一点需要说明，虽然上例分析的是说话人意图传达的语境隐含，但该角度的分类同样适用于非隐含类的语境含义。认知效果的产生主要由关联期待决定，凡是期待获得的效果，无论该期待与说话人意图相关与否，释话人都会努力去推理，因此认知效果的不同强弱程度既体现在语境隐含中，也体现在非隐含类的语境含义中。

4.2.2.3.3 独立型语境隐含与粘合型语境隐含

关联理论把这类划分与上一小节讨论的内容统一用强、弱语境隐含加以讨论，威尔逊和斯波伯（2004）指出诗意效果（poetic effect）、隐喻效果（metaphorical effect）等均属于弱语境隐含，这类隐含的特点是，话语有意义并不会对每个个体隐含有独立的需求（individually required），只要推理过程中能得出一些此性质的隐含，话语即得解，举一例来说明：

例 4.19 （泰德（Ted）与网友见面回来，与舍友皮特展开了下面的对话）

Peter：So how's the girl like?

Ted：Oh，she's an angel.

皮特在解读泰德的答语时并不需要将天使与人类相关的所有特征都罗列出来，只需得出几个突显的认知效果，如温柔、善良、美丽等等，推理即可终止。皮特并不能明确认定具体哪个或哪些认知效果是说话人意图传达的，它们作为整体共同体现说话人意图。关联理论认识到这类认知效果的弱隐含特性，却没有对该类认知效果的特殊性及其生成弱隐含特性的原因做出分析。

该类认知效果是一类特殊的认知效果，一方面，它只能依附于说话人意图以语境隐含的形式存在，不可能具有非隐含类语境含义的性质，因为对这类认知效果的产出以解读说话人意图为目的，当解读的结果非说话人意图时，该结果本身作为认知效果的地位也要被取消，而不能像非隐含类语境含义那样，脱离了说话人意图依然可以被保留，如例 4.19 皮特可以对泰德答语做多种解读，然而当他明确其中的某推理结果如"那个女孩像天使一样外表美丽"，不是说话人意图时，这重话语解读直接被取消，而在例 4.17 中即使我们知道 fly as fast as possible 引发的幽默认知效果不是说话人本意，但解读仍可作为非隐含类语境含义存在，成为最终话语解读的一部分；另一方面，虽然这类认知效果不具有非隐含类语境含义的性质，却具有非隐含类语境含义的部分特征。我们说语境隐含与非语境隐含是两个界限模糊的原型范畴概念，二者在对说话人意图的体现程度上构成一个连续体，对说话人意图体现程度越高、越具体的认知效果（即越接近语境隐含原型的认知效果），话语交际内容的明示性越高，推理受说话人意图指引的逆证性质越高；相反，对说话人意图体现程度越低、越宽泛的认知效果（即越接近非隐含类语境含义的原型），交际内容的明示性越低，推理过程中说话人意图的逆证引导作用越低，言语表达本身及由它们激活的语境假设在推理过程中所起的方向指引作用越大。此处讨论的认知效果虽作为整体，明确以语境隐含的形式存在，但不同于其它语境隐含在解读过程中以说话人意图为指导由逆证推理得出，由于此类认知效果独立来讲对说话人意图的体现程度不高，在对每个个体认知效果解读过程中推理逆证程度必然也不高，认知效果更多地依赖言语表达形式或内容来激发，推导的方向主要由言语表达决定，因此该类语境隐含又具有了类似非隐含类语境含义的推理特征。这种对语境隐含与非隐含类语境含义二范畴间性的体现便是此类认知效果的特殊之处，而这种范畴间性也注定了该类认知效果的弱隐含特性。具体来讲，认知效果自身确定程度的高低由用作推理前提的语境假设的确定程度和对前提选择的确定程度决定（详见4.3），作为语境隐含类的认知效果，对其推理前提的选择必须由说话人意图决定，而这类特殊语境隐含由于具有非隐含类语境含义的推理特征，解读过程中逆证性较低，更多依赖言语表达与其自身激活的语境假设，这种由言语表达自身激活的语境假设充当的推理前提，必然与由说话人意图引导的推理前提的选择存在一定差距，在对此类认知效果解读过程中，对推理前提选择的确信度必然不是很高，相应地，所得出的认知效果自身的确定程度不高，应属于弱语境隐含。

关联理论用强、弱语境含义之间的对立描述这类认知效果，无法反映其特殊性——作为整体具有高度语境隐含性质、作为个体却更接近非隐含类语境含义，因此我们有必要再建立一对概念来突显它与其它语境隐含（包括其它弱语境隐含）之间的差异——独立型与粘合型语境隐含。前者指常规的能独立体现说话人意图的语境隐含，后者指上文探讨的需要以集体形式出现来使话语有意义的语境隐含。这一分类与上文从说话人意图及语境效果自身确定程度角度对认知效果的分类均不属于同一层面：一方面，这两大对立类都属于体现说话人意图的语境隐含类认知效果，非隐含类语境含义内部不存在这种独立型与粘合型的区分，因为粘合型认知效果是一种特殊的认知效果，只有在说话人下意识专门组织的言语表达中才可能引发，在无说话人意图参与的情况下，话语不会自发引出这种效果；另一方面，独立型认知效果自身的确定程度可高可低，而粘合型认知效果的自身确定程度均较低。

4.2.2.4　认知效果与关联

在结束对认知效果的讨论之前，让我们最后再来看看它与关联之间的关系。在4.2.1中我们提到了认知效果与关联相互决定的怪圈问题，认知效果和参与认知效果推导的语境假设紧密相关，对同一句话语的解读以不同的语境假设作前提会得出不同的认知效果，因此对哪个或哪些语境假设的选择、调用就成为解读认知效果的首要任务，对语境假设的选择调用又受释话人关联期待的影响、以寻找关联为指向，由此可得关联间接决定着认知效果的取得，而关联理论中认知效果的产生又被视为满足关联的充分必要条件，这便产生了关联指导认知效果、认知效果决定关联的循环怪圈。本节将在详细认识两概念互动的基础上解开这个怪圈。

我们认为，关联指导认知效果的产生、认知效果的有无决定话语的关联性这两个命题都是没错的，它们构成的循环怪圈是一个表面假象，其实二者并不矛盾，怪圈的产生是因为关联理论没有对“关联”这一概念做细致的探讨，事实上指导认知效果的关联与被认知效果决定的关联并不是同一个概念。

指导认知效果产生的关联指推理开始时及推理过程中释话人对关联的期待，此时的关联是释话人的预期，而非已实现的真实关联，这种预期可以很具体，也可以较为宽泛，在推理过程中还可以因为话语引发的新语境假设的加入等而发生调整，这类关联与认知效果有几种互动：

首先，由期待指导逆证推理得出的认知效果的性质由期待本身决定，如：

例 4.20　A：今晚一起去看电影吧！

　　　　　B：哎呀，我很想去，可是我明天有门考试！

当 A、B 是非常熟悉的朋友时，A 对 B 答语的关联期待只有 B 对“去”与“不去”的选择，推出的认知效果也只有命题性质的“B 因为要准备考试，所以不能去看电影”；当 A、B 关系较为陌生，且 A 第一次邀请 B 看电影时，A 对 B 答语的关联期待除了 B 对其邀请的回复外，往往还有 B 对双方亲疏远近关系的意愿，因为邀请与某人一起看电影，往往意味着希望二人的关系会更近一步，因此在这种情况下，A 接收到 B 的拒绝答语时得出的语境效果不仅是“B 因为考试不能去看电影”，还要推导出 B 对这种增进感情的提议的态度，得出非命题性质的认知效果“B 虽然不能接受这次邀请，但很可能并不反感进一步增进双方的关系”。在该例中认知效果的性质由关联期待决定，当期待只涉及命题内容时，得出的认知效果也仅为命题性质的效果，当期待涉及其它认知层面的内容时，认知效果也必须反映出这种期待。

其次，对说话人意图的期待指导语境隐含类认知效果的产出，对非说话人意图的期待引发非隐含类语境含义，前者的情况常被讨论，此处不再赘述，对于后者我们举一例说明：

例 4.21 （A、B 是久违的中学同学，当时 A 曾对 B 心生爱恋，再次见面时还是单身的 A 仍对 B 有好感）

A：好久不见，你比以前更漂亮了，一定是爱情滋润的原因吧！

B：（红着脸）你就取笑我吧！

A 在发话时隐藏了自己的深层意图——投石问路、探试 B 是否还是单身，仅明示了浅层意图——对 B 的恭维，B 在答话时只针对 A 的浅层信息意图，并不清楚其深层意图，因此 B 的交际意图并不包括对 A 深层意图的回答，而 A 对 B 答语的关联期待却还包括对非说话人意图的期待，在解读到说话人意图后还要进一步推理出“B 已经名花有主了，已经没希望再追求 B 了”等非隐含性语境含义，实际推理中释话人得出几重性质的认知效果取决于他对话语关联的期待。

此外，不论与说话人意图是否相关，只要关联期待越具体，对认知效果推理的逆证性就越强，对语境假设调用的限制就越大，对语境假设自身强度的要求就越低，如上文例 4.18 在期待说话人给予明确的“喝”与“不喝”的回答后，语境假设的调用只能被限制在“想保持清醒所以要喝咖啡”和“害怕失眠所以不想喝咖啡”两种可能上，无论这两个语境假设自身强度有多弱，释话人都必须在这二者间做选择而不能重新寻找语境假设，甚至在某些极端情况下释话人受关联期待的限制即使当场创造语境假设，也不能应用已有的确定程度高的却不符合期待限制的语境假设；反之，当关联期待越宽泛时，对认知效果推理的逆证程度越低，此时语境假设的调用更多由话语表达自身激活，对语境假设调用限制的降低以对假设强度要求的增强来弥补。

总而言之，释话人的认知语境很大，要使一句话语在某人的认知语境中相关会有许多种可能，提取不同性质内容的语境假设结合话语不同层面提供的新信息就可以得出不同性质、种类的认知效果，因此对推理所需语境假设的调用与对话语提供的新信息的选取便成了认知效果产出的决定因素，而对这二者的选择又往往取决于释话人对话语关联方式和内容等的推理前及推理中的期待，在这个意义上，关联指导认知效果的产生。

然而，认知效果的有无是决定话语关联与否的充分必要条件，这一观点也是正确的，但此时的关联与上文讨论的跟认知效果互动的关联不是一个层面的概念，此处的关联不是对尚未实现的话语关联的内容的预期，而是最终实现的具体的关联，因为认知效果是这种关联的唯一体现形式，在该层面可以说认知效果的有无决定话语关联与否。

关联理论中的描述之所以引发上述怪圈，是因为它没有区分抽象的“关联”与具体的“关联”，往往使人误解认知效果是抽象的“话语关联”这一概念的充要条件，事实上，抽象的关联概念与认知效果并没有直接的联系，后者是用于讨论话语解读的最基础、具体的概念，而前者则是高一层级的概念，用以从宏观上把握话语解读，二者不属于一个层面，自然也就无互动关系，无论是关联对认知效果的指导作用还是认知效果对关联的体现作用，都必须在分解抽象的“关联”概念的基础上讨论，所谓的循环怪圈问题就是不作区分一概用抽象的关联概念讨论认知效果、混淆话语解读的描写层面的结果。

4.3 语境假设调用的多元性及其在推理进程中的体现

“认知语境”概念的提出是关联理论的一大亮点，一举颠覆了传统语境观中认为语境是静态的、先于话语存在的、外在于交际参与者的客观现实的观点，关联理论从认知的角度出发，把语境定义为存在于人脑之中的、对外界信息内化后的“一个心理结构体”，是受话者头脑中关于世界的一系列假设，包括交际的具体环境、话语上下文，还包括一个人的认知结构、各种设想、期待、信念等等因素。认知语境只是话语解读的大本营，是推理所需前提的原材料供应地，真正参与话语解读的是认知语境中实际被激活、调用的语境假设，然而关联理论在提出认知语境的概念后并没有详细说明或全面探讨语境假设如何参与话语推理、什么样的语境假设能够被激活、这些假设以怎样的顺序被激活、对语境假设的调用选择怎样影响认知效果的强度（或者说是确定程度）等问题，本节便旨在关联理论已有讨论的基础上丰富对这些问题的认识，以期更好的解释关联推理。

4.3.1 语境假设调用多元性的宏观体现

本节通过回顾和分析两个具有一定承袭关系的语境推理模式及其存在的问题，提出新的语境推理描述图，从宏观层面反映语境假设调用与语用推理全过程的关系，同时也为下文对语境假设调用细节方面的进一步讨论作铺垫。

4.3.1.1 单向语境推导模式、整合模式及其中存在的问题①

国内学者熊学亮认为语言承载的意义分为正常负载与超度负载两类，语用推理就是通过认知语境的帮助来理解话语超载信息含义的过程：“对语言超载部分的解释可被看作是一种语言接受者认知语境的选择和利用过程，这种过程是有序的。”（1996a：2）他将认知语境定义为语用者内在化、认知化了的包罗万象的语用知识，并认为认知语境包括三类：情景知识（具体场合）、语言上下文（工作记忆）和背景知识（知识结构），在此基础上提出了一种语用推理宏观模式——单向语境推导模式（熊学亮，1996a，b）：

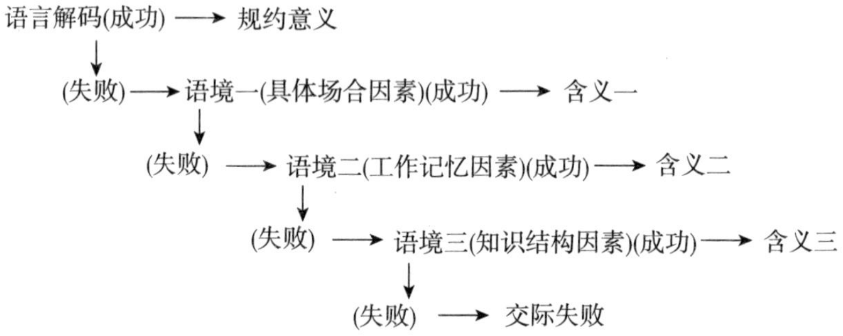

图 4.1 单向语境推导模式

张韧弦、刘乃实（2004）在肯定上述模式积极意义的基础上指出该模式的最大不足在于未能反映认知语境推导的一个重要特点——自动化或习惯化现象，认为类似“Can you pass me the salt——PASS ME THE SALT”之间的符义对应关系所代表的语用短路现象的含义推导“更有可能是结合工作记忆甚至是结合大脑中存储的知识单元的结果”，即是语境二或语境三的作用，而单向语境推导模式对语境选择的有序性只允许在利用具体场合因素推理失败的条件下才能进行利用语境二、三的推理，因此很难解释这种无论语境一推导成功与否都会发生的后续推理。由此他们修正了单向推导模式，提出了语境推导的整

① 随着人工智能等领域的兴起，为更好实现人机对话，科学家们将语境研究成果应用于计算机编程，建构出一些形式化模型，这些模型与此处的语境模式有本质的区别：我们做的是在语言学领域内对语境理论建构的理性、思辨性探讨，这种研究结果很可能为计算机科学中涉及语境的编程提供有益启示，但计算机对话语的解读机理终究与人不同，计算机的语境激活能力及语境假设可及度排序等很多方面都不能达到人的水平，只能通过其它方式予以弥补，这自然造成了计算机编程中语境模式与语言学中人类言语使用的语境模式的差异。虽然二者都是对语境形式化的努力，但目标不同，不能将二者混淆，不能通过计算机中的形式化模型反观、评论语言学模式的做法。

合模式：

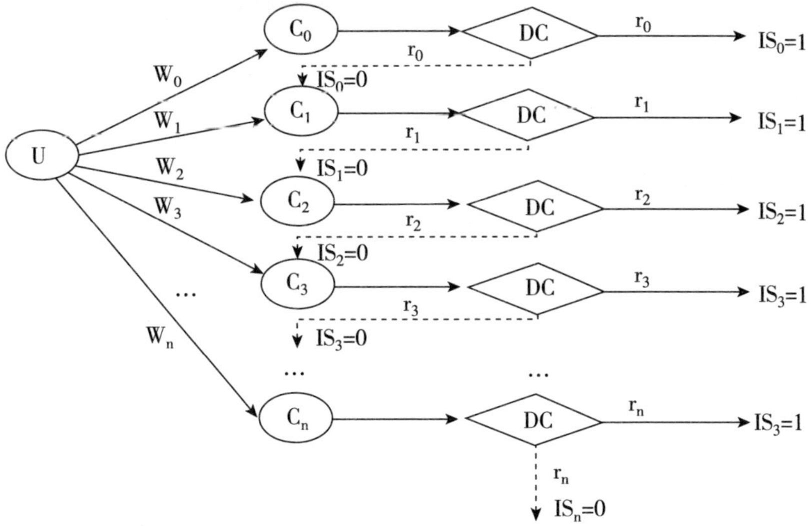

图 4.2 语境推导整合模式

其中 U 为话语，C_n 为某个语境假设，W_n 为 C_n 的语境可及度，r_n 为判断 U 与 C_n 结合所得认知效果是否具有关联性所需付出的努力，DC 为认知决策中心，IS_n 为第 n 步推理成功与否的判定标识。

对该模式的具体解释请参看原文，张韧弦、刘乃实认为改进后的模式在引入自动化推理的解释机制同时，还克服了单向语境推导模式将规约含义的推导游离于系统外和对不同含义的推导未作形式化的异步处理这两个模型上的缺陷。然而，是否改进后的模式就无懈可击了呢？

我们认为这两种模式中主要存在以下三方面问题：

第一，不存在零语境情况。无论是单向语境推导模式中的正常负载还是整合模式中 C_0 推导都理想化地认为话语在零语境情况下解码出规约意义，然而在实际操作中这是不可能的，不确定性原则（Principle of Underderterminacy）（Carston，2002）明确说明话语所有意义的理解，包括对显义的理解都离不开语境，语言解码得出的只是意义不完整的逻辑形式，要充实成完整的、能用于话语意义推导的命题需要解歧、确定指示词所指、补充命题内容、缩放词义等多重步骤，这些无一能在零语境条件下进行；且在某些情况下结合不同语境会得出不同的显义，进而对随后的隐含意义推导产生影响。作为专门的语境推导模式，忽视理解显义所必需的语境是欠妥的，整合模式通过引入零语境来解决单向语境推导模式中将规约意义推导游离于系统外这一缺陷的做法不是十分明智。

第二，短路现象解释失误。张、刘认为单向语境推导模式解释不了语用短路现象，整合模式为将该现象纳入解释范围，引入了关联理论作理据，认为实际的推理是在多个能使推理成功的语境中选择最省力的，认知努力由所选择语境的可及性（W）和判断推理结果是否具有关联性所付出的认知努力（r）两者决定，根据张、刘的解释，当经由 C_k 与 C_{k+1} 的推理都告成功，且与 C_{k+1} 相结合的认知总代价小于与 C_k 结合的总代价，即 $W_{k+1}+r_{k+1}<W_k+r_k$ 时语用短路现象发生。这种解释看似合理，实际却存在很大问题：整合模式是对单向模式的继承，所以语境从具体场合因素到工作记忆因素再到知识结构因素的选择顺序不会变化，故而 C_{k+1} 步推理成功所付出的认知努力不仅是 $W_{k+1}+r_{k+1}$，而是该步努力与先前所有语境推理努力的总和，令 C_{k+1} 步推理的认知总代价小于 C_k 步的总代价就等于让 $W_{k+1}+r_{k+1}+W_k+r_k+\cdots+W_0+r_0<W_k+r_k+\cdots+W_0+r_0$，这个公式是不可能成立的。无论单向推导模式还是整合模式都明确表示在第一处意义推理成功的地方整个推理过程就会停止，这点以交际最佳关联原则的推论为理据，体现的正是以最小认知努力取得足够认知效果的过程，在推理成功获得足够认知效果后继续选择语境因素进行下一步推理无疑是对认知努力的浪费，所以不可能存在 C_k 与 C_{k+1} 的推理都告成功而在其中进行选择的情况。此外，用反证法来说明该问题，假如话语推理可以在多步都成功的推理中选择付出努力最小的一种，那么不将所有可及语境全部考虑完就无法判断对一句话意图表达的意义的推理到底应选取哪步推理，总会担心在未被考虑的语境中有一个选择可以使认知总代价小于话语与其之前语境结合的推导代价，而在实际的瞬时交际推理过程中是不可能考虑所有可及语境的。

第三，在对单向语境推导模式的整合过程中存在矛盾现象。张、刘认为单向语境推导模式是语境推导宏观整合模式的一个特例，其中 $N=3$，C_0 是零语境、C_1 是具体场合下的语境、C_2 是工作记忆下的语境、C_3 是百科知识语境。这种做法有悖于单向语境推导模式的初衷，单向推导模式中的三重语境涵盖了所有影响语用推理的语境类型，且该模式旨在提供理论概括性与精致性之间折中最为合理的话语推理宏观普遍模式，并不是作为整合模式中的一个特例存在，若将该三重语境作为 C_1、C_2、C_3，则其后不可能再出现其它类型的语境参与推理，所谓的 C_n 就成了空设。宏观整合模式若想对单向推导模式进一步形式化就必须在推理过程中对三重语境内部选择的细化上下功夫，将这三重语境与其它类型的语境选项并行列出是研究方向上的严重偏差。

4.3.1.2 语境推导模式再探讨

我们拟提出以下模式修正上述二语境推导模式，并尝试用新模式解决前二者中存在的问题：

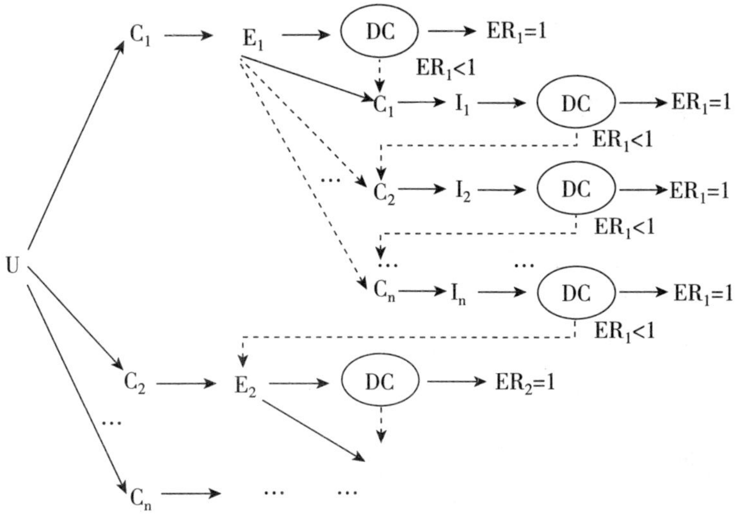

图 4.3 语境推导整合模式再修正

4.3.1.2.1 新语境推导模式的运作方式

话语解码后得出的逻辑式首先跟 C_n 系列语境结合充实成一系列完整的命题，即话语的显义（图中用 E_1…表示），获得显义过程中对语境假设的调用按受关联期待影响后的可及度顺序排列（详见 4.3.2 与 4.3.3），选择最为可及的 C_1 与解码后的话语结合获得 E_1，E_1 要被认知决策中心（DC）检验以判断对关联期待（ER_1）的满足与否，若关联期待被满足，即 $ER_1=1$，则推理过程结束，E_1 就是该话语意图表达的意义；若关联期待不被满足（$ER_1=0$）或未被完全满足（$0<ER_1<1$）（图中将两种情况合并为 $ER_1<1$），则推理过程将进入下一层面，显义结合 Cn 系列语境对隐含意义（图中用 I_1…表示）进行推理，对这一层面语境的选择同样按可及性依次进行，推理停止在第一次 $ER_1=1$的地方，只有当 K 步所得隐义 Ik 经认知决策中心判断为不足以满足或

完全满足关联期待时，才会进入到与 C^{k+1} 结合推导 I_{k+1} 的 K + 1 步推理。当认知语境中所有能与显义 E_1 结合的语境均无法推导出满足 ER_1 的话语隐含时，释话人会考虑调整关联期待至 ER_2，这时语境假设可及度也会随关联期待的改变而调整，释话人按调整后语境可及度排序重新选择 C_n 系列语境，再次推导显义 E_2，然后重复之前的步骤直到得出满足与其相应的关联期待的话语解读，如：

例 4.22　（A、B 二人为情侣关系，一天有朋友来访，他们商量请客事宜）

A：咱们到底在哪儿请他，上岛咖啡还是重庆火锅？

B1：别去那贵的地方。

B2：太贵的地方我可不去！

B3：别去那贵的地方，就在学校餐厅吧！

对 B1 答语的解读属于话语推导止于 E_1 的情况。A 对话语的理解始于显义的充实过程，释话人结合一系列 C_n 性质的语境，如上下文语境（话题为请客吃饭的地点问题，并给出二个可选项）、背景知识（上岛咖啡要比后者的消费高很多）等，可将答语充实为“别去上岛咖啡那贵地方”。由此，通过为话语中的指示语“那”分配所指，得出的 E_1 便直接通过决策中心的检验，成为满足关联期待的话语解读，推导结束。

对 B2 答语的解读属于话语推导止于 I_n 的情况。此时答语中并未出现能够指代上文所给选择中任何一项的指示代词，充实后得出的 E_1 仅为“说话人不去贵的地方请客”。该答语与关联期待（去上岛咖啡还是去重庆火锅）相关但并不能完全满足关联期待（$0 < ER < 1$），此时话语推理进入下一层面，通过将显义 E_1 与 C_1（即背景知识上岛咖啡消费很高）结合得出 I_1“说话人不去上岛请客”满足关联期待，话语推导结束。

对 B3 答语的解读则属于话语推导未止于 I_n 的情况。当问话人接收到前半句答语时，其推理过程如前文话语推导止于 E_1 的情况，然而当后半句答语被接收后，前半句的理解对关联期待的满足被吊销，同时原关联期待 ER_1“去上岛咖啡还是去重庆火锅”也被取消，ER 具体程度下降，调整为仅对与“请客地点”这一话题相关的期待 ER_2，此时释话人对前半句话语的显义重新推理，重新结合语境 C_n 系列语境，此时的 C_n 系列语境内容与可及度都已经过调整，新增加的话语下文语境信息具有较高的可及度，进而也被调用，由此指示词语

"那"所指被充实为"上岛咖啡厅和重庆火锅"，得出 E_2 "别去上岛咖啡厅和重庆火锅那两个贵的地方"。最终 ER_2（即"话语与请客地点这一话题相关"）的满足使得话语推导结束。

4.3.1.2.2　该模式对单向与整合模式中问题的解决

首先，该模式中取消了所谓的零语境解读，而将推导过程中涉及的语境分为两类，C_n 与 C^n，解码后的话语与前者结合产生显义，所得显义再与后者结合推导隐义。其中为获显义而进行的推理须对解码的话语进行歧义消解、指示分配、量域确定、模糊消解、概率解释及行为确认等，在显义推导有多种可能的情况下，这些内容的确定很有可能影响其后对话语隐含意义的解读，故显义推理在本模式中作为话语理解的第一步推理被赋予重要的地位。当显义解读不足以满足关联期待时推理才会进入下一层面——为解读隐义选择语境，若给定显义始终无法与可及的语境结合获得满足关联期待的隐义解读，推导过程还需重新回到为确定显义而进行的 C_n 类语境选择上。这种对语境推导的分层方式比起整合模式更能弥补单向推导模式中"对不同含义的推导未作形式化的异步处理"的缺陷。

本模式中 C_n 与 C^n 两类语境的性质不同于单向语境推导模式中的三重分类，C_n 类语境是综合性质的语境，可同时包含具体场合、工作记忆和知识结构因素，而 C_n 类语境反映的是具体的语境假设，每一次语境选择都是对一个具体语境假设的选择，每个语境假设都可被归入单向模式三重语境中的一类。由此不同于整合模式将单向语境推导模式作为其中一个特例的处理手段，在本文提出的模式中三重语境被完全融合其中，避免了整合模式中所选语境性质分类标准混乱的问题。

对于语用短路现象，整合模式是在多个可满足关联期待的推理中选择所需认知努力最小的，而本模式则坚持话语推理止于第一次关联期待被满足的地方，释话人会按照大脑中认知语境假设的可及度自动选择对自己来说最为省力的推理途径，在通常情况下具体场合、工作记忆和知识结构这三种不同性质的语境假设，可及性往往由左至右依次降低，然而在某些特殊情况下，如此处要说明的类似"Can you pass me the salt?"之类的语用短路现象，在解读其隐含意义时，某些知识结构语境中的假设由于使用频繁而具备了激活自动化的特征，换言之，释话人知识结构中该语境假设由于调用频繁已经获得了比具体场合中语境假设更高的可及性，因此在结合显义推导隐义的过程中会首先被选择，所得解释经认知决策中心检验满足关联期待，话语推理就此终止，不会再选择具体场合语境因素作进一步推理，除非在某些情况下具体场合因素导致短路推导结果不足以满足关联期待，推理才会往下进行。

此外，对该新模式还有几点附加说明：

第一，除将语境分为用于显义推导与用于隐义推导的两类，使对认知效果的推理在两个不同层面展开以外，本文所提模式还有一点明显不同于先前模式的特点，即对推理成功或者说关联期待的满足不采用（0，1）二元对立的做法，而将其视为在 <0，1> 区间内的任意一个值，推理止于 ER =1 的情况，当ER <1 时，无论其是否为零，推理过程都会继续。这一做法是为了描述推理过程中语境动态变化涉及的不同情况的需要。整合模式在强调语境动态性方面的陈述是“如果依次进入推理系统的语境都不能获得足够的关联性，C_1、C_2…依次离开 SC_i（语境集合）进入 SP_i（命题集合）成为新的推理基础。因此认知语境（集）在推理的全过程中不是静态不变的，这体现了动态的认知语境观”。（张韧弦、刘乃实，2004：422）我们认为整合模式在此处有两点疏漏，一方面进入命题集合的不只是未能满足关联期待的已选择的语境，还应包括结合这些语境推导出的显义与隐义；另一方面并非未满足关联期待的已选择语境或已推出意义都能进入命题集合成为新推理的基础，哪些语境或显隐义能成为下一步推理的基础要依情况而定。按照本文所提模式的表述，只有当认知决策中心判断某步语境选择得出的推理结果对关联期待的满足处于 0 < ER <1 的情况时，即相关却不足以完全满足关联期待时，该步推理所选语境与结合该语境推导得出的意义才可进入命题集合成为新的推理的基础；当 ER =0，即结合语境所推导出的意义与关联期待无关时，该步所选语境与推导出的意义不能进入命题集合，而能够作为下一步推理基础、被并入命题集合的是“该步推导所得结果不相关”这一整体信息，如“A：小李这个人真是性格怪僻，难处得很！B：今天天气不错。”这样一则对话中，对答话解码所得的显义在经过认知决策中心判断为无关信息后，进入命题集合成为新推理基础的不是该显义所带命题本身而是“该命题与话语意图无关”这样一个判断，这就是上文讨论的由超命题层面引发认知效果的情况。

第二，当 U 与 C_n 系列语境结合所得显义 E 经认知决策中心判断，所得结果为 0 < ER <1 时，E 与语境的结合推导 I 的情况有两种。与 C_1 的结合肯定是直接性质的，故图中用实线表示，然而当 C_1 步推理结果经判断 ER <1 时，接

下来的语境推理可能会出现两种情况（图中用虚线表示）：当 ER =0 时放弃 C_1，重新选择 C_n 系列中的其它语境假设与 E 直接结合进行推理；当 $0 < ER < 1$ 时还会出现两种分歧，一般情况下 C_n 是与上步推理结果结合，进行本步的推理，它与显义 E 的关系是以上步推理结果为中介的间接结合关系，还以例 4.20 来说明，当 A 发出“晚上一起去看电影吧”的邀请后，对 B“我明天有考试”的答语的隐义解读过程中，C_1 为语境假设“考试前需花时间准备”，E 与其结合后所得 I_1“B 需要花时间准备考试”再与 C_2“看电影需要时间”结合进行下一步推导，此时的 C_2“看电影需要时间”并不直接与 E 发生关系，而是通过与 I_1 的结合间接实现与 E 的关联，该种情况下话语推理的最终结果，即推导出的话语意图，是使 ER =1 的那一步推理（设该步结合的语境为 C_k）获得的隐义 I_k；但在某些特殊情况下，如上文所探讨的粘合型认知效果的情况下，对“John is a lion”之类具有多重弱隐含意义的话语推理时，C_{k-1}步的推理结果 I_{k-1}虽不能完全满足关联期待，却也是话语意图传达的意义的一部分，此时 C_k 步的推理不是与前一步的推理结果 I_{k-1}结合，而是直接与显义结合推出话语的另外一重弱隐含意义 Ik，对该句话语意义推理的最终结果不是使 ER =1 的那一步推理获得的隐义 I_k，而是多重 C_n 系列语境所得隐义 I 的集合，即 $I_k + I_{k-1} + \cdots$（如：约翰既勇猛又刚毅又……）。

以上两点是针对该模式应用层面的微观说明，在宏观层面上也有几点需要说明的地方。

第三，虽然先前的两个模式本身并无对推理结果性质的反映，但无论是单向语境推导模式还是其整合模式都是为推导说话人意图而建立的，然而我们提出的新模式所描述的推理结果还涵盖非说话人意图的、释话人期待的内容。从模式表层看不出它与前二者的区别，关键在于对认知决策中心的关联期待的认识，在我们的模式中，关联期待并不止于对解读说话人意图的期待。

第四，本模式之所以称为语境推导模式是因为其旨在描述语境在推理中的运用，而不是话语推理的全过程，因此模式中反映的只有原初期待被满足及降级期待被满足的情况，对于话语解读过程中可能出现的期待增生等情况没有涵盖，在为满足这些新增期待或具体化了的期待而进行的推理中，语境假设的调用过程及运作方式与本模式中描述的情况类似，故无须再将模式复杂化。

第五，虽然上文讲到对确定显义所需的 C_n 系列语境与推导话语隐含意义的 C_n 系列语境的调用性质并不相同，前者是对由一组或一群相关语境假设构成的某语境场的综合调用，而后者是对单个语境假设的独立调用，但就所调用的内容本身来说并不受其限制，同样的语境假设既可以作为某语境场的一个组成部分，出现在显义解读的前提中，也可以独立出现，应用于对隐义的推理，在例 4.22 对不同答语的解读中，“上岛咖啡消费很高”这一背景知识就分别以 C_n 和 C^n 的性质应用于话语解读。

本节在单向语境推导模式及其宏观整合模式的基础上对语境推导模式进行了再探讨，解决了前两种模式中存在的一些问题，同时使语境推导模式进一步形式化，然而这仅在宏观层面上反映了语境假设的调用，而没有涉及各类语境假设在微观层面的具体调用：确定显义所需的 C_n 系列语境与推导话语隐含意义的 C_n 系列语境具体是怎样调用的，所调用的语境假设中的哪些方面因素会影响推理的进程或结果，这些是我们接下来要考虑的问题。

4.3.2 语境假设调用多元性的微观体现

在接收到话语刺激并对其解码后，无论是显义充实还是隐义推理都离不开认知语境，无论是指称分配、词义充实还是演绎推理，不同的语境假设都会引发不同的结果，因此对认知语境中假设的调用是语用推理不能回避的一个问题。然而关联理论对该问题的讨论仅限于大脑演绎机制中的记忆内容、短期记忆储藏的内容、百科知识和即时物理语境信息对语境选取的限制作用，至于对具体某条语境假设的选择则仅以“由对关联的寻找决定”来说明(Sperber&Wilson, 1986/ 1995：137 ~ 142)，这样的讨论较为粗糙，无法清楚解释语境调用的具体方式。我们在上文对关联期待和认知效果这些相互联系的概念的讨论中已经或多或少地提到过这个问题，此处再集中说明一下，作为对关联理论讨论的补充。

话语携带的言语表达与释话人的关联期待是语境调用的关键所在，不论是显义的解读还是隐义的推导，语境假设的激活都是这两大因素相互作用的结果。在显义解读过程中，释话人接收到听觉或视觉输入后，对应词汇的语音或字形表征在大脑中会自动激活词义，并在此基础上增强与该词义相关的一组语境假设的可及度，如当听到“某某大酒店”后就会将与“酒店”、“餐饮”、“住宿”等有关的一系列语境从认知语境中未激活的背景层提升至待调用的推理前提储备层，可及度大大提升，但这些假设最终是否会被调用或其中的哪些会被调用仍不确定，特别是由多义词语激活的词义本身就较复杂，而由这些复杂词义进一步激活的语境假设群性质更为复杂，实际被调用的语境更不确定；

至于指示词语，如人称指示语、相对数量指示语（“一会儿”、“大部分”之类的词语）等，依靠词义本身甚至无法得出它们在话语中的具体解读，只能通过被调用的语境假设来解读，而不可能激活语境假设群、协助对需调用的语境假设的确定。这样一来，虽然言语表达本身能够激活一系列的语境假设群，但实际被应用于显义充实的语境场和语境假设还必须由关联期待决定，即指称的分配、词义的充实、歧义的消解等所需的语境假设及理解话语显义所需的背景知识均由关联期待引导，在认知语境的处于半激活状态的待调用推理前提储备层中有目的地选取。

在显义解读过程中处于半激活状态的待调用语境假设可选项一方面由话语本身激活，另一方面来源于话语解读前已经在某种程度上被激活的情景知识与上下文知识，虽然关联期待自身也有语境激活能力，但在显义解读中关联期待对语境假设更多是起指定功能，如例 3.5 答语 He forgot to go to the bank 中 bank 一词将“银行”与“河岸”两个词义均提升至半激活状态，而对“给出还钱与否的答案”的期待从上述两者中指定“银行”义参与显义生成。关联期待自身诱发至半激活状态的语境假设组在话语显义得出后作用才逐渐突显，当话语的显义与该语境假设群中的某项相符合时，话语显义满足关联期待，话语得解，如例 4.1 中答语 B1：She agreed to go with us 显义得出后，与对“玛丽去与不去”的关联期待诱发的半激活语境假设群中“玛丽会和我们一起去舞会”一项符合，解读终止；反之，当话语显义在该假设群中找不到符合的对象时（如例 3.5 答语显义为“忘记去银行”，而关联期待诱发的半激活语境组为“已经还钱了”和“尚未还钱”，二者间没有交集），话语解读只能通过进一步的隐义推理实现，此时对推理隐含前提的寻找是话语解读的关键，这种寻找同样也是从认知语境中对合适语境假设的调用：

显义得出后，言语表达的语境激活作用减弱，当话语显义无法在关联期待激活的语境假设群中找到对等项时，对对等的寻找终止，随之而来的是对接口的寻找，由话语的显义解读结果整体作为激活因子，从认知语境的背景假设中提升某语境假设群至半激活状态，当该假设群与关联期待激活的语境假设群有接口时，接口处的语境假设可及度增高，并被调用，还如例 3.5 中答语显义“忘记去银行”与关联期待激活的语境假设组“已经还钱了”和“尚未还钱”无对等，但二者有接口“银行可以取钱，有钱才能还钱”，当该语境假设可及度增高，被调用后，话语得解；当两组处于半激活状态的语境间无接口时，则利用各类可利用资源再次进行语境激活，寻找与双方相关的语境假设来补合接口，如例4.13答话人用“这道题怎么做”来回答关于电视剧剧情的问题，答语的显义解读与关联期待激活的语境假设群不但没有对等项，甚至没有接口项，只有通过再次语境激活，结合“老师走过来了”这一假设，得出补合接口的假设“老师过来需要转换话题”，该假设与话语显义结合，得出接口假设“与话题不相关的答语就是为了实现转换话题”，话语得解。此时寻找接口所需的语境激活步骤越少，推理越省力，步骤越多则推理越费力，甚至可能由于接口的无法得出而导致话语无解。需要说明的是，在不同的话语交际中关联期待的具体程度并不相同，期待越具体，它自身激活的语境假设群范围越小，激活程度越高，假设群中的内容越具体，接口的可选项越少，关联期待对推理结果的限定性越高；关联期待越宽泛，语境假设群的范围越广，内容越宽泛，激活程度也越低，为解读寻找接口的意义越小，语境假设本身的可及度在推理中所起作用越大。

事实上，无论是显义解读还是隐义推理，只要关联期待越具体，语境假设由半激活状态到被调用过程的主动性就越高；相反，期待越宽泛，假设激活的常规性、被动性就会越高（详见4.3.3.1.2），话语解读对半激活状态语境假设本身可及度的依赖性就会越高。但无论任何情况下，关联期待都不可能独自完成语境激活的任务、也不可能完全将该任务让位于言语表达本身，在对语境假设的激活与调用方面，言语表达与关联期待两个因素共同作用，缺一不可。

4.3.3 语境假设调用影响因素的多元性

在上文的讨论中我们反复提到“受关联期待影响的语境可及度”，以及“期待具体程度与语境自身可及度对语境调用所起作用的相互制衡”，在这一节我们就具体来看二者间的关系。除此之外，语境假设的另外两个研究层面——强度与互显度对话语推理的影响也同样值得注意。

4.3.3.1 语境假设的可及度

关联理论对语境假设的可及度有下面的定义：

> The ease or difficulty with which an assumption can be retrieved (from memory) or constructed (on the basis of clues in the stimulus currently being processed); accessibility is a matter of degree and is in a constant state of flux depending on, among other things, what is occupying attention at any given moment. (Carston,

2002：376）

（从记忆中）对假设提取或（在当前被处理刺激所提供线索的基础上）对假设建构的难易；可及度是程度概念，受某些因素影响处在持续的变化之中，其中在某特定时刻被注意的对象就是影响因素之一。

从上文介绍的关联话语解读程序中可以看出，关联理论将语境可及度作为假设调用的唯一决定因素，而语境可及度的定义如此宽泛，且完全依赖于人脑加工机制，这使关联理论对话语解读过程的阐释极为主观，可操作性很低。我们有必要对语境可及度的形成及变化的影响因素做一探讨。

以往语言学界对可及度的研究虽然不少，齐翁（Givon，1985）、艾莉尔（Ariel，1990）等许多学者都做过这方面研究，但这些研究都聚焦于语词所指对象的可及度与语词表达形式之间的关系，与此处探讨的可及度不在一个层面，我们对语境可及度及其影响因素的研究是为了加深对推理过程中释话人语境选择及推理前提调用的理解。

语境可及度是认知心理学上的概念，释话人在话语解读时有自己的认知环境，认知环境中的各组成成分具有不同的调用难易程度，即不同的可及度，首先，其它条件一定的情况下，不同性质的语境假设调用难易程度往往有一定规律，熊学亮（1999b）认为具体场合中的情景知识最易调用，其次是工作记忆中的上下文知识，最难调用的是长期记忆中的百科知识；然而这种规律并不绝对，上文分析的语用短路现象就是反例，因此，语境可及度除了与语境假设自身的性质有关外，还与假设的调用频度有关，被频繁调用的语境假设可及度往往高于偶尔被调用的语境假设，对包含语用短路的话语的隐义解读过程中对百科知识的调用先于场合因素和工作记忆中的假设，原因就在于对该现象的解读模式固定，解读过程中对百科知识的频繁调用使得这些假设的可及度大幅度增高；此外，大脑刚加工处理过的新信息作为下文话语解读中的语境假设，与早先处理过的信息或旧信息相比，也具有较高的可及度，因此释话人对新话语的解读往往建立在上文解读的基础上，突然的话题转换之所以让人费解就是因为新话题解读所需语境的可及度低于认知语境中上文语境的可及度；释话人的个人经历、情感等因素也会影响某些语境假设的可及度，如生物学家在听到“响尾蛇”这一语词时激活的语境假设及其可及度排序与普通人的激活情况肯定不同，而普通人激活的语境假设及其可及度排序必然也不同于亲身接触过且被响尾蛇咬过的人。虽然这些因素对语境可及度的影响相互间存在矛盾，如：

使用频率的高低可以打破语境性质对可及度的排序，认知主体的个人经历因素又可以打破其它任何一种因素对可及度的排序等等，但总体来讲，基本上四个因素对语境假设可及度的影响力成增强趋势，因此各语境假设的可及度还是可以排序的。

4.3.3.2 关联期待

关联期待并不直接影响语境假设的调用，而是通过对语境可及度的影响而间接影响语境假设的调用。如卡斯顿所述，话语解读过程中的语境可及度是“处于持续变化之中”的概念，而语境可及度变化会直接导致对推理前提调用的调整，进而影响推理结果的产生。卡斯顿在可及度的概念中特别提到了注意力因素对其变化的影响，该说法过于简单，事实上影响可及度动态变化的诸因素应归结为关联期待的指导作用，这种作用主要体现在三个方面：

首先，关联期待会影响各语境假设群的群际可及度排序。如同上文所述，话语推理前的具体场合因素、上下文知识等在推理过程中是一类可及度较高的语境，而解码后的话语中的语词同样会激活一组组可及度各异的语境假设，在需要隐义解读的情况下，话语的显义亦会引发一系列的语境假设，关联期待本身也可能激活语境假设群，由各种不同因素引发的语境假设群虽有其自身的可及度排序，但在具体推理过程中并不是任何一组语境假设都要被调用，众多的语境假设群之间的语境假设可及度如何比较？在话语推理中如何调用？比如说对于上下文知识这个语境群自身来说，被大脑加工处理的时间与当前话语解读时间间隔越短的语境假设越可及，但当该语境假设群与由语词引发的语境群进行可及度比较时，情况又会怎样？又该以何为判定标准？我们说在某些情况下，一组语境假设的可及度会整体高于另一组，而决定语境群间的可及度比较的因素便是关联期待，如在释话人期待话题转换时，由上下文知识构成的假设群的整体可及度便会低于语词引发的语境群，关联期待具有整合各语境假设群群际可及度的作用。

其次，关联期待亦会影响单一语境假设群内部的可及度排序。虽然各类被激活的语境假设群自身有其独立的可及度排序标准，但在实际的话语解读过程中关联期待很可能作用于其上，取消对最可及的语境假设的调用，并改变对整组假设的调用次序，如：

例 4.23 （A、B 是要好的朋友，B 刚失恋，A 想陪 B 出去散心）

A：好久没疯玩了，我们去 Paulaner Brauhaus 吧。

在接收到词语 Brauhaus 后，对 B 最突显的语境假设是“这是个德语词汇”，进而激活“她与刚分手的男友就是在德语培训课上认识并相恋的”，这是 Brauhaus 一词在释话人 B 的认知语境中激活的最可及的语境，然而这些语境假设并无法使话语得出相关解读，受关联期待的影响，释话人必须调整该语词激活的语境假设可及度排序，通过调用“Paulaner Brauhaus 是上海新天地的一家德国酒吧——宝莱纳的德文名称”、“该酒吧的德国黑啤口味正宗”等语境假设，解读出“A 建议一起去新天地的宝莱纳酒吧喝酒”的认知效果，此处体现的就是关联期待对语境假设原有可及度的制衡。

最后，关联期待还能引发对释话人认知语境中不存在的全新语境假设的建构与调用，即关联期待能为待调用语境假设群增添具有较高可及度的成员，从而调整原有语境的可及度排序，这种情况在显、隐义解读中都可能发生，对话语所包含的非共享先设或背景信息的解读就是其典型代表，如：

例 4.24　（大卫（David）与凯莉（Kelly）不相识，二人均乘火车去费城出差，碰巧面对面坐着，经过一段愉快的聊天后，有了下面的对话）

David：How long are you gonna be in Philadelphia?

Kelly：（hesitating） Sorry，I'm married.

在确定自己清楚地向凯莉传递了其问题且凯莉并没有表现出故意不合作后，大卫要解读凯莉的答语就必须找出问句与答语二者间的关系，但激活的具体场合语境、上下文知识和由言语表达、话语显义及关联期待自身激活的语境假设群间没有直接的接口，该答语显义激活的最可及的语境假设是“结婚了与其他异性相处就应该把握分寸”，然而该语境假设如何再与原问句引发的关联期待激活的假设群找到接口？认知语境中没有足以充当接口的语境假设可调用，只得通过创造接口来解决该问题，在建构新假设“询问对方逗留时间是为了有机会再与对方见面，加深感情”后，通过结合答语显义激活的最可及假设，便得出了使答语相关的语境隐含“我们不应该再见面了”。此例中事实上大卫并无邀约凯莉之意，故而他所提的问题引发的关联期待自身没有激活“询问对方逗留时间是为了约对方再见面，加深感情”这重假设，在大卫的认知语境中对这则假设的激活完全是新的建构，新建构的语境假设被添加至关联期待激活的语境假设群中，改变了原先的可及度排序，并通过对它的调用实现话语解读。

通过上文的分析可以看出，语境可及度是受关联期待影响的概念，在语用推理过程中关联期待制约着语境可及度对语境假设的调用，期待越具体，这种制约作用越强，而关联期待反映的是释话人对话语解读的主观能动作用，因此可以说期待越具体，语境假设由半激活状态到被调用过程的主动性越高；期待越宽泛，假设的激活越依靠话语自身引发的语境可及度排序，越受到说话人话语组织方式的影响，语境假设调用的常规性、被动性越高①。

4.3.3.3　语境假设的互显度

关联理论认为释话人调用的语境假设都是从互有认知环境（mutual cognitive environment）中选出的，所谓互有认知环境即“任何共享认知环境，在该环境中关于共享者的信息显映（Sperber&Wilson，1986/1995：41）”（any shared cognitive environment in which it is manifest which people share it）。在这类认知环境中所有假设均对交际双方互显（mutually manifest），关联理论中没有互显度这一概念，然而我们认为，互显是有程度区别的，既然显映（manifestness）这一概念指的是表征某假设的能力（capability to mentally represent an assumption），而非真正对其的表征（Sperber&Wilson，1986/1995：38 ~46），那么显映本身必然存在程度问题，即对某假设表征的难易与否，同一则假设对交际双方的显映程度可能不同。既然显映本身是个程度概念，那么“某认知环境是否为特定人群共享”这一假设亦有显映度的问题，而以此为决定因素的“互显”概念也就具有了程度差异，而且存在于比显映度更高一层的认知层面。互显程度的高低基于显映程度，受对显映程度认识的影响，却比其更复杂，它实际上是某假设在交际各方自身认知环境中的显映度与“该假设所处认知环境为交际双方共享”这一假设显映度的加权，因此对互有认知语境中每则具体语境假设来讲，其互显度不高于交际各方认知环境中该假设的显映度，如：

---

① 需要注意的是，我们所说的主动性、被动性是从语境调用的方式层面来讲的，这与具体语境调用的对象不是一个层面，由释话人关联期待指导的对语境的主观能动调用方式虽不同于话语自身引发的对语境假设的常规、被动的调用，但不同方式调用的结果却可能重合。其它条件一定的情况下，当实际发生的主动调用的结果与常规调用方式下得出的结果相同时，即满足关联期待的解读就是对话语的常规解读，此时推理最省力；当主动调用与被动调用的结果重合时，即满足关联期待的解读与寻找说话人意图的解读重合，则主动假设调用推导出的认知结果是符合说话人信息意图的结果。

例 4.25　A：（骄傲地）我的妻子是天使！

B：你真幸运，我妻子还活着呢。（《喜剧世界》2001 年第 5 期）

例中“有妻子是种折磨”该语境假设对 B 显映度很高，对 A 不显映，该则假设互显度为零；“人死后升至天堂做天使”对 B 显映度很高，A 虽然也有表征该假设的能力，但显映度没有对 B 那么高，则该假设互显度不高；再如上文例 4.16 玛丽通知皮特书店里有新书的话语交际，在交际前玛丽与皮特均已知道该信息，但玛丽并不知道皮特已经具有此知识，所以才引发该重交际，也就是说交际前该信息对双方的显映程度很高，但“涉及该假设的认知环境为交际双方共享”这一假设的显映度为零，则该假设的互显度为零。再如下例：

例 4.26　（A、B 二人一大早骑自行车来到图书馆门口正准备停车）

A：今天怎么这么多车啊！

因为人们往往都骑车去图书馆，A、B 一大早来到图书馆，都以为看书的人应该还不多，这时 A 提到车多，正常情况下“车是指自行车”这条假设便会有很高的互显度，由该假设进一步引出“有许多人比他们更早地到了图书馆”的关联解读；然而如果具体场合中多了一重内容：在停自行车处旁边的从来不堵车的公路上堵了长长一列汽车，这时“自行车”与“汽车”在交际双方处都高度显映，但交际者对这两则假设对对方的显映度排列均不确定，此时“车是指自行车”这条假设的语境互显度比上文正常情况下要低。

语境假设的互显度与可及度有一定联系，但并不等同。可及度指假设从认知语境中提取的难易程度，对语境假设的提取调用是激活，对某假设的表征也是激活，对有些语境假设的调用不是直接对已知信息的提取，还必须现场建构，而被表征的假设也可以是推理建构的结果，在这两方面可及度与描述假设表征能力的显映度有相似处。然而可及度只用于研究推理前提，不用于结果，但显映度的研究对象更广，且关联理论对交际的定义涉及使一组假设对听者显映或更显映（to make manifest or more manifest to the audience a set of assumptions），也就是说显映度更是用来描述语境效果的概念；此外显映度是多个认知层面上的概念，可以涉及多重对交际双方认知状态的元表征，但可及度只用于描述最基础的认知层面的假设，提供具体话语解读所需的实质性推理前提；最后可及度与显映度没有必然的联系，如交际过程中交际者对对方的性别、着装习惯、面部特征等都有很强的表征能力，即显映度很高，但这些信息不一定会在话语解读中发挥作用，它们的可及度可能很低。可及度不但与显映度没有必然联系，与互显度更无对应关系，可及度除受上下文语境、话语等涉及交际双方的因素的影响外，也受经历、注意力、认知推理能力等个人因素的影响，因此是针对说话人或释话人单方的概念，而语境互显度探讨语境假设在交际者间互为显映的程度，完全是涉及交际双方的概念，它是基于语境可及度的更高层概念，互显度高的假设首先必须分别在交际双方处的显映程度高，同时交际者对该假设对对方显映度的估计也要高，只有满足诸如此类的一系列更高认知层面的对显映度的要求时，才能被视为高互显度，而可及度是单方的概念，不受需权衡双方因素的互显度的影响，如受个人经历影响对释话人极为可及的语境假设可以因为在说话人处的显映度不高而不具有高互显度，但这丝毫不影响该假设对释话人的高可及度。

语境假设的互显度不像可及度那样对语用推理有决定性影响，互显度为零的语境假设，只要可及度高，且符合关联期待的要求，便可能用于语用推理，如上文例 3.4 中国联通电视广告语中包含的对移动公司同类产品的贬低，就是释话人根据自身的语境可及度及关联期待做出的解读，推理过程中对语境假设的调用不受互显度的影响，无论这些假设对说话人是否显映，说话人是否认为它们对释话人显映等，这些假设都会被调用，这些解读必定会产生。然而互显度并非对话语解读完全无影响，对认知效果的定性要由参与推理的假设的互显度来决定，这些假设的互显度越高，推理结果就越体现说话人意图，其作为说话人话语隐含的原型性越高；互显度越低，释话人对推理结果承担的责任越大，所得结果作为非隐含类语境含义的原型性越高。

虽然大多数情况下释话人按照语境可及度调用假设，进行推理，互显度仅起到为认知效果定性的作用，然而当释话人的关联期待明确指向对说话人意图的解读时，假设调用过程中互显度便与可及度同时起作用，不顾及互显度的推理很可能造成对话语的误读，如例 4.25 二人对妻子的讨论，此例发生在没有其它上下文语境的情况下，因此在话语解读前 B 对 A 话语只有最宽泛的关联期待，根据我们上文的讨论，此时的语境调用主要由被激活语境的常规可及度引导，关联期待对该调用起最终决定作用，但自身不激活语境参与推理。B 听到“妻子是天使”的话语后，激活自身认知语境中一系列与“妻子”、“天使”相关的语境假设，其中“妻子”一词激活的假设群中最可及的语境假设就是“他近日正饱受自己妻子的‘折磨’”，这一假设又导致“天使”激活的假设群中对“人死后升至天堂做天使”的调用，得出对A话语的解读是“会折磨丈夫的妻子已死，不在人世”，且该解读与B足够相关，关联期待会允许对上述语境的调用。然而由此得出的认知效果却造成了严重误读，导致交际双方间的尴尬，原因就在于对假设互显度的错误估计，B要解读的是A的信息意图，在调用语境假设的过程中必须注意到其对A的显映程度及A估计其对B的显映程度等，因为不是每个人的婚姻都是地狱，大多数的婚姻都是幸福的，“妻子是折磨”这则假设在A认知语境中的显映程度很可能不高，很可能不是A意图B调用的语境，即该假设的互显度很低，虽然它对B的可及度很高，且符合关联期待的要求，却不能被调用，解读必须重新选择可及度较低的假设再次调用。由此可见，在某些情况下语境互显度也足以影响语境的调用，在对说话人意图推理过程中调用的语境假设互显度越高，解读的正确性越高，互显度越低，解读结果越可能被取消。

4.3.3.4 语境假设的强度

《关联性：交际与认知》用了一节的篇幅详细探讨了“语境假设的强度”（the strength of contextual assumptions）这一概念（Sperber&Wilson，1986/95，chap. 2，sect. 3），对看待该问题的两种观点——逻辑观与功能观予以了详细介绍，并表明了对功能观的支持，认为假设强度是个心理概念，不能量化，只能通过内省的方式来比较，等等。但是关联理论仅是针对语境假设的强度如何确定这一问题进行探讨，因为认知效果的取得涉及新旧假设强度的比较，而我们此处对语境假设强度的讨论旨在说明它对推理过程中语境调用的影响①。

从上文可知，话语解读过程中的语境假设调用由常规语境可及度与关联期待决定，同时还可能受到语境互显度的影响，就假设强度对语境调用的影响这一问题，我们将从它与语境可及度、关联期待及互显度三方面的关系角度予以考虑。

首先，假设强度与可及度间的关系。人们可能会有种错觉，认为强语境假设往往比弱语境假设更可及，然而事实上语境假设自身的强弱并不是可及度的主要影响因素，二者也远非正比关系。长期记忆中的百科知识通常都很确定，而由上下文现场生成的语境假设的确定程度不一定很高，但工作记忆中的上下

① 此处所说的“强度”概念与上文的“确定程度”所指相同，可以互换。

文知识可及度却往往高于百科知识中可用于同一认知效果推理的语境假设（参见熊学亮，1996a，b）；频繁使用的语境假设确定程度不一定很高，但其可及度却高于其它能用于推理同一认知效果的语境假设，如上文提到的语用短路现象，对"Can you +Vper+…?"类的句型（Vper 指施为动词）的解读并不一定总是"委婉的请求对方做某事"，有时说话人的信息意图确实仅仅是对受话人做某事能力的询问，也就是说表达语用短路信息的语境假设确定程度并不很高，然而在实际解读中释话人还是会调用这一则假设直接得出结果，而不会通过调用一组更为确定的语境假设分多步解读；等等。总而言之，假设强度与语境可及度虽然在一定程度上相关，但二者并无实质的对应关系，语境假设的强度不是其可及度的一个决定因素，即语境假设确定程度的高低与它自身的常规语境可及度没有必然联系。

其次，假设强度与关联期待的关系。一方面，初始关联期待并非凭空产生，而是来自于释话人对说话人交际的信任，准确地说，源于释话人对说话人合作程度的假设，释话人对说话人信息意图的假设越具体、越确定，关联期待就越具体，反之，当其对说话人意图的假设越不确定，初始期待也越宽泛。另一方面，交际过程中的期待增生也受语境假设强度的影响，言语表达的形式或意义会激活新的语境假设，当认知语境中有与这些假设相矛盾的已有假设存在时，受大脑认知机制的作用，这些新假设会自动激活与其相矛盾的原有假设，当相互矛盾的新旧假设确定程度相当时，就可能引发关联期待的增生——寻找二者矛盾的原因（参见上文 4.2.2.1），新旧假设强度越高，对矛盾原因的寻找越有意义，关联期待增生的可能性越大。假设的强度能影响关联期待的具体程度以及期待的增生与否，由此也就间接影响了下一步对认知效果解读的语境调用。也就是说，某些语境假设的强度会通过对关联期待的影响而间接影响其它语境假设的可及度及其调用。

最后，关联理论认为语境隐含类认知效果的强度取决于推理前提的强度，遵循演绎推理的规则，推理结果的强度不高于推理前提中强度最弱的一个，但我们认为语境隐含的强度不但取决于充当推理前提的语境假设的确定程度，同时还受假设互显度的影响，毕竟隐含类认知效果是对说话人意图的推理，要得出符合说话人意图的认知效果就必须确保推理调用的是说话人示意其调用的前提假设。假设互显度对认知效果的影响力比语境假设强度的影响力更大，被调用语境假设越弱，推理结果只会是越不确定，但推理本身不会有误；而假设互显度越低，所得认知效果就越偏离说话人的意图，认知效果对说话人信息意图误解的可能性就越大，因此通常情况下对说话人意图的推理选择互显度高的假设，而不过多考虑其强度问题。然而这并不是说互显度与语境强度是完全互不干涉的两个层面，在某些特殊情况下，假设强度可以作为互显度的替代项影响语境调用。当同样能被关联期待通过的、可及度相当的两个或几个语境假设互显度高低亦无法确定时，假设强度便成了假设调用的最终决定者，如例 3.2 中皮特询问玛丽是否要喝咖啡，他解读玛丽答语前期待得出对该问题的明确回答，且相信玛丽也意图其答语给出这种信息，在这种情况下具体的关联期待也参与语境的激活，假设调用必须是对话语引发的假设与关联期待激活的语境的接口的寻找，由于从已有语境假设中无法找到合适的选项，用作接口的语境假设必须现场建构，然而释话人得到两个同等可及的假设——“玛丽想保持清醒”与“玛丽不想失眠”，均能在关联期待激活的语境中得出话语解读，这时便要权衡选择互显度较高的一则用于推理，互显度首先与假设对交际各方的显映度有关，两则假设对释话人显映度相当，对说话人的显映度如何，话语中没有任何提示，认知语境中也没有这方面内容，由此二新构建假设的互显度无法确定，释话人只能再退一步，通过对二假设强度的比较实现语境调用，比如玛丽曾经说过自己偶尔会失眠，由此在认知语境中存在语境假设“玛丽有轻微入睡问题”，该假设可以支持“玛丽不想失眠”这则新构假设，使其强度稍高于“玛丽想保持清醒”，在此基础上得出话语解读“玛丽不想喝咖啡”。

语境假设强度在关联期待、语境可及度与互显度均无法裁决对假设的调用时替它们行使决定权，是种权宜之计，却也是有据可循的。因为由弱语境假设推理出的认知效果强度必然低于强语境假设推出的结果，当可及度相同且又有更强的语境假设同样符合关联期待的要求时，对强度较弱的假设的调用便是有标现象，除非其互显度高于前者，否则这种舍强取弱的做法就无法解释，在当前讨论的情况中一组语境假设可及度相同，且同样符合关联期待，由于其互显度排序无法确定，话语不可能进行有标解读，强度最高的假设，即正确性最高的假设，自然也就最有可能是说话人意图调用的假设。因此我们说，在某些情况下语境假设的强度也可能决定对语境假设自身的调用。

4.4 结语

本章详细讨论了被关联理论所忽视或误视的关联推理的三大关键问题：关联期待的动态性及其在推理过程中的运作、认知效果性质分类的复杂性及其对推理性质的影响、语境假设调用的多元性及其在推理进程中的体现。

对于被关联理论忽视的第一个问题，本研究在将关联期待界定为对认知效果的期待的基础上，分析了期待动态性，说明关联期待是个多维变量，在话语解读初始阶段有性质不同的三类存在方式：对说话人有信息传递意图的期待、对说话人意图传递的信息与某话题相关的期待及对说话人意图传递的信息的具体内容的期待，在话语解读过程中关联期待量的大小，期待的方向、内容或认知层面等都可能被调整，且更正的方式也有取消、修正与叠加等多种，进而造成期待性质或层级的变化，引发期待泛化或具体化，话语解读止于对关联期待的动态满足，即对动态变化着的关联期待的实时满足。初始关联期待的性质由各类显、隐性明示刺激及上文语境决定，期待在话语解读过程中的调整则主要受言语表达的形式或内容等因素的影响，而期待的各级泛化或具体化程度及具体决定因素又各不相同。此外，在探讨话语解读过程中关联期待运作机制的同时，我们也分析了关联期待在话语解读中的双重作用，一方面指出关联期待在指导语用推理过程中发挥逆证作用，且逆证明确程度与关联期待自身具体程度相关，另一方面关联期待更主要的作用是限定话语解读的终止，关联理论虽强调了这一点，但在讨论上却有简化之嫌，我们不仅将推理终止于期待满足的情况进一步详细描述为静态兑现、单向动态兑现与曲折动态兑现三种，同时发现推理终止于交际失败的情况不仅包括由期待放弃导致话语交际性质的取消，还有一类期待被确认的同时、推理努力被放弃的情况。

对于被现有关联推理排斥的认知效果复杂性问题，本研究首先分析了由关联理论排斥该问题造成的对认知效果讨论上的三大缺陷：对认知效果的内容考虑上的简化问题、认知效果类型三分法与话语解读对象间的矛盾、关联与认知效果相互决定的循环怪圈。进而提出认知效果复杂性的概念，分别探讨了认知效果的来源层面、产生方式、性质及分类问题的复杂性，指出命题内容引发认知效果只是一种情况，词语联想意义、话语表达形式及超命题因素也能引发认知效果；同时还将认知效果的产生方式从原有的三种扩充到五种，增加了相互矛盾的新、旧假设确定程度相当时认知效果的逆证生成法及超命题层面认知效果单一生成法；此外，也有理有据地否定了关联理论对认知效果的简化界定，明确了其性质的非单一性，专门阐述了关联理论未涉及的非命题性质认知效果；最后还做了几重关联理论未能涉及或深入的认知效果分类：根据说话人意图的体现程度分为语境隐含与非隐含类语境含义两大边界模糊的原型范畴；根据自身确定程度有强语境含义与弱语境含义两个原型范畴；根据效果自身的独立性将语境隐含类认知效果细分为独立型与粘合型语境隐含，在对这些分类的讨论过程中，也明确了不同类认知效果所涉及推理过程、性质的不同。最后，我们明确了抽象宏观关联与具体微观关联两个层面，指出与认知效果互动的都是微观层面上的关联，对认知效果起指导作用的关联是尚未实现的、对话语内容的关联预期，由认知效果体现出的关联是最终实现的、具体的关联。

对于被关联理论无视的第三大语用推理关键问题，本研究首先从宏观层面上整体把握语境假设调用多元性在推理中的体现，在单向语境推导模式及其整合模式的基础上提出了比前两者更详尽具体、形式化程度更高的语境推导修正模式，区分了显、隐义得出过程中认知语境的不同参与方式，明确了语境假设调用在推理不同阶段的不同性质，为语用短路现象做出了更合理的解释，同时也兼顾了对超命题层面引发的认知效果、粘合型语境隐含等的推理过程的描写。随后在较具体层面上分析了在显义充实与隐义推理等不同阶段认知语境中的假设调用方式，指出虽然任何情况下假设调用都是言语表达与关联期待二者共同作用的结果，但在显义解读过程中起语境激活作用的主要是话语本身以及话语解读前已经在某种程度上被激活的情景知识与上下文知识，关联期待更多是在已激活的语境假设群中起指定作用。而显义得出后，一方面言语表达的语境激活作用减弱，改由话语的显义解读结果整体作为激活因子，从认知语境中提升某语境假设群至半激活状态，另一方面关联期待的语境激活作用突显出来，由关联期待直接提升某语境假设群至半激活状态，隐义推理就是在上述两组半激活语境假设群中寻找对等项、直接接口项或间接接口项的过程，这三种方法从左到右对认知努力的要求依次增高，解读难度依次增大。需要说明的一点是，随关联期待性质具体程度的改变，其语境激活能力亦不相同，因此在两组半激活假设群中寻找接口等逆证推理方式，在不同情况下其可应用程度亦不同。最后从最微观层面分析影响一则具体语境假设调用的因素，首先语境的可及度是影响假设调用的最基本要素，尽管不是所有可及度高的假设都被调用，但被调用的假设一定是可及度较高的假设，假设的可及度受其自身性质、调用频度、邻近两次调用的时间间隔、释话人的个人经历情感等因素的影响。然而话语解读过程中，关联期待会作用于语境可及度之上，影响语境假设群的群际可及度排序，调整某语境假设群内部的假设可及度排序，还可能引发对释话人认知语境中不存在的全新语境假设的建构，并赋予其高可及度。此外，语境假设的互显度也是影响假设调用的一大因素，关联理论没有提到这个概念，但我们发现互显度与可及度间没有必然对应关系，且高互显度虽不是假设调用的必要条件，却在很大程度上影响着对认知效果的定性，推理认知效果所调用的语境假设互显度越高，认知效果对说话人意图的体现度越高，反之，被调用假设的互显度越低，所得认知效果作为非隐含类语境含义的原型性就越高。最后假设强度与可及度也不完全对应，前者通过影响关联期待的动态变化，间接影响其它假设的可及度及调用，在某些特殊情况下假设强度还可以作为互显度的替代项，直接决定语境调用。

通过上述这些对关联推理现有认识上欠缺和不当的补充、更正，我们为优化关联语用推理、解决关联理论在微观运作层面存在的问题作好了充足准备，也为关联话语解读之优选推理模式的建构铺平了道路，接下来的研究一方面要在上述讨论的基础上明确提出对现有关联推理的修正方案，并以此作为模式建构的理论根基，确保所建构模式在承袭关联推理优越性的同时能有效避免或解决其所携带的问题；另一方面关联期待在推理中的动态运作状况、认知效果复杂性对推理性质的反映以及语境假设调用要求的多元性分别是关联优选模式评估机制中的动态制约条件、静态制约条件序列和生成机制中的制约条件序列的分析考察对象，对它们的上述详细讨论也将用来指导对关联优选推理模式的具体微观建构。

第五章

对关联话语解读之优选推理模式的建构

5.0 引言

第三章讨论了关联理论在用于指导语用推理过程中遭遇的三大问题，由于当时缺少对关联推理的深入思考，无法对这些问题作答，经过第四章对关联优选模式建构前提的细致讨论，对问题的解决已成为可能。本章旨在通过整合上文探讨的关联优选推理核心概念各自的运作方式，提出一种语用推理模式，既能解决或避免关联理论用于指导语用推理时遭遇的关联期待与说话人意图不一致问题、隐义界定问题及关联解读机制中多重不一致问题，又能在解释力度、描述清晰度上比原关联话语解读机制更进一步。该模式将“增强推理机制的可操作性”的目标寄希望于音系学新兴理论——优选论中的某些形式化方法，通过对其适当修改以适应对关联话语解读描写的需要，因此我们将该模式称为关联优选模式。本章由三大部分组成，第一部分说明即将建构的关联优选模式的根本理念，确保以该理念为根基建构的推理模式可以解决或避免现有关联推理的三大问题；第二部分为适应在线语用推理描写，对经典优选论运作机制进行某些改动；最后一部分则用于阐述以上述根本理念为宏观建构根基、以第四章对三大概念运作的拓展性讨论为微观具体建构指导的关联优选模式的全面展开。

5.1 关联优选推理模式的根本理念

关联优选推理模式的根本理念有两大点：一方面从释话人角度出发采取原型范畴概念对言语交际进行描述，这样便避免了关联理论用于指导语用推理过程中遭遇的关联期待与说话人意图不一致的问题和隐义界定的问题；另一方面不认同佳联假设与释话人话语解读机制间派生与被派生的关系，而是将前者降级为后者中的子原则，并在此具体讨论过程中避免关联解读机制中存在的多重问题。

5.1.1 从释话人角度出发采用原型范畴概念对言语交际进行描述

关联理论承袭格莱斯主义对意义的分类，将非自然意义等同于说话人意义，言语交际等同于说话人意义的传递，由此为说话人意图在话语解读过程中赋予了绝对主导地位，其主导地位一方面与关联推理机制运作过程中起首要指导作用的关联期待矛盾，另一方面使关联推理的内容深受限制，造成理论解释对象与实际话语解读结果的不符。关联期待与说话人意图不一致问题和隐义界定问题二者可以追溯到一个共同的本源，即对说话人意图在言语交际中地位的认定。要解决这两个问题就要对话语解读过程中说话人意图所起的作用重新定位，化解它与其它相关因素间的冲突，本节将重新审视话语解读这一行为本身的性质，并在此基础上对说话人意图在言语交际中的地位进行再探讨，进而提出解决上述二问题的方案。

5.1.1.1 主体间性在话语解读中的体现

为了使对话语解读的认识更为深刻明晰，我们此处借助哲学中的“主体间性”概念为其重新定性。主体间性的最初涵义是主体与主体之间的统一性，在其形成过程中涉及了三个领域，形成了三种不同涵义上的主体间性概念：社会学的主体间性、认识论的主体间性和本体论（存在论、解释学）的主体间性。社会学的主体间性指作为社会主体的人与人之间的关系，关涉到人际关系以及价值观念的统一性问题；认识论的主体间性指认识主体之间的关系，关涉知识的客观普遍性问题，这两种主体间性都还在主客对立的框架中，仅考察认识主体间的关系，不承认人与世界关系的主体间性；本体论的主体间性指存在或解释活动中的人与世界的同一性，它不是主客对立关系，而是主体与主体之间的交往、理解关系（杨春时，2006）。

本体论领域的主体间性取消了主客对立，将人及与人发生关系的对象共同作为主体看待，具有重要意义，该观点对人文领域的影响甚广，颠覆了不少传统美学、文学的理论，如伽达默尔将主体间性引入解释学中，使古典解释学发展到了现代解释学，他认为“解释活动的基础是理解，理解只能在主体之间进行，因此文本不是客体，而是主体，对文本的解释是对话，是主体之间的

‘视域融合’”（转引自杨春时，2006：7）。这些观点与言语交际有一定的关联，对解释言语现象有潜在的价值。然而主体间性理论对话语解读研究的可能影响却鲜有人讨论，且几乎均限于对社会学或认识论领域内的主体间性的应用，如上文提到的黄华新、胡霞（2004）在讨论认知语境时借用了主体间性这一概念，却走不出主客体对立的圈子，将客观物理语境与交际双方的社会关系等影响话语解读的因素分别放在主客体间性、主体间性的框架中讨论，虽冠上了“间性”之名，但与传统语言学观点实质上并无太大区别，此处我们将启用本体论领域中的“主体间性”审视话语解读。

本体论的主体间性颠覆了主客对立的概念，强调人与世界共同的主体性，在此基础上发展的现代阐释学认为“解释不是主体对客体的认识，不是一种主体性的行为……解释是理解，理解是主体间性的，是主体与主体的关系，主体与主体之间通过对话、交流而达到充分的沟通”（杨春时，2006：7）。话语解读自然是一种解释活动，根据现代阐释学的观点它涉及两个主体：释话人与话语本身，对话语的解读是二主体“对话交流”的结果。释话人是话语解读者，其主体地位不容置疑，然而传统观点认为话语客观体现说话人意义，具有客体性，与释话人存在主客对立的关系，话语解读是主体对客体的认识。我们认为，解读对象应与释话人享有同等地位，具有主体性，而且该主体性还体现在两个不同层面上：

一方面，话语并非通过编码—解码的方式简单再现说话人意图，它仅提供解读说话人意义所需的证据（evidence），真正的解读需要这些话语证据与双方互显认知语境共同作用得出，是释话人通过话语间接与话语发出者即说话人协商的结果，正因如此，维索尔伦（1999）提出语言的三大特性之一就是协商性，话语承载的这种协商性在某种意义上正是对说话人主体性的间接体现。

另一方面，根据阐释学观点，主体对客体的认识只是一种“说明”，不是“解释”、“理解”，若将话语解读领域中的话语视为承载说话人意义的客体，释话人与话语主客对立，那么释话人对说话人意义的解读也只是一种“说明”，而并非对话语的完全解读。解读发生在释话人与话语之间，话语一旦脱离了说话人（即由说话人发出后），就具有了自身的主体性，除了承载说话人意图传达的意义外，还可以表达多重非说话人意义，如关于说话人身份、地位等背景信息或意外关联信息等（参见例 4.17 乘客对德国机长话语的解读），这些意义与说话人意义同样隐含在话语中，却不受说话人意图的制约，可以自由通过与释话人的交互作用被解读出来。说话人意义是原则上释话人必须从话语中解读出的内容，而对非说话人意义的解读不具有强制性，是否解读非说话人意义、解读哪重或哪些重非说话人意义完全是释话人与话语自由互动的结果。因此话语自身具有主体性，不能完全由说话人操控，不是对说话人意义的忠实体现，话语解读也不是释话人对话语中体现的说话人意义的单向“认识”、“说明”，而是在释话人与话语本身交流互动过程中实现的全面“理解”。

概述之，话语是在一定程度上依附于说话人、但同时又具有自身主体性的事物，话语意义通过释话人与话语间的对话交流达到完整解读，其中说话人在交际中的主体性由话语间接体现，除此之外话语还体现其自身的主体性。

5.1.1.2　主体间性视阈下的说话人意图

格莱斯主义从说话人角度出发，探讨的话语意义即话语传达的说话人意义，此时受被解释内容的限制（不考虑非说话人意义），话语在第二层面上的自主性不存在，在某种意义上释话人对话语的解读还可以被视为主体对客体的解读，话语作为传达说话人意义的客体存在。然而关联理论从释话人角度出发，它所解释的对象必须包含释话人通常情况下结合话语推理得出的任何意义，此时的话语意义包括但不限于说话人意义，完整的话语解读不仅是对说话人意义的解读，还可能要考虑其它非说话人意义，在这种情况下无论从哪个层面讲，话语都具有主体性，话语解读体现的是一种主体间性，而非简单的主体对客体的解读。

从主客体关系到主体间性关系，对交际研究角度的转换引发了话语从客体到主体的地位升格，这种变化必然影响到原有交际范式中各主要因素地位关系的变化，其中最明显的就是说话人意图的降级。具体来讲，从释话人角度考虑话语解读时，话语的双重主体性成为两种相互制约的力量，分别维护和削弱着说话人意图的地位。第一重主体性，即间接对说话人主体性的体现，在某种意义上可被视为对格莱斯主义话语意义观的承袭，要求话语解读是对说话人意义的协商，因此释话人与话语的互动实际是释话人透过话语与说话人的沟通对话，对说话人意图的考虑是这种对话的主要影响因素，在该层面上说话人意图的地位被维护；话语的第二重主体性使其能与释话人自由对话，得出非说话人意图的、却也不能被明确否认的、站得住脚的意义，在这重对话中释话人关联期待的影响作用增强，影响该层面上释话人与话语间对话交流的方向，决定解读出的非说话人意义的性质和内容，此时说话人意图的主导地位被动摇。简言之，在话语双重主体性的作用下说话人意图在语用推理中的地位降级，却不会完全退出推理舞台，话语解读体现两种不同的主体间性，在不同的主体间性作用下说话人意图发挥作用的程度也不同。

5.1.1.3　说话人意图降格对描述言语交际的影响

说话人意图降格的首要后果是造成了明示交际、说话人的言语产出、释话人的话语解读三个概念间的分歧。从说话人的角度讲，言语产出与明示交际并不等同，根据话语中说话人意图体现程度的不同，言语交际有明示等级的区分（参考中国联通电视广告例3.4），根据话语指向对象的不同，言语产出又有交际与非交际的区分（参考4.1.4.2.2中现场有人时与他人打电话例），说话人可以通过明示与非明示两种方式对释话人传达信息，但不会使用非交际的手段传达信息；从释话人的角度讲，话语解读与明示交际亦不相同，释话人可以与任何被感知与解码的话语进行互动，解读不仅是明示交际，还可以是非明示交际，甚至是非交际中的与自身相关的信息，如甲一个人自言自语宣泄气愤时的话语碰巧被乙听到，甲的话语中不包含任何向乙传达信息的显性或隐性意图，其言语发出不属于交际行为，但乙仍旧能从其话语中推导出甲心情不好这一相关信息。因此当明示交际这一概念在用于表述说话人明示其交际意图的交际方式时，该概念与说话人的言语产出、释话人的话语解读三者相互间交叉但不重合。

关联理论认为交际过程中说话人与释话人的关系就如同舞池中跳交谊舞的男方与女方的关系，说话人是领舞，释话人被动地由说话人引领，所有的言语交际均为明示交际，由说话人通过话语明示其交际意图，释话人则根据话语提供的证据推理其意图。上文论述取消了说话人意图的绝对主导地位，也否定了明示交际、言语产出与话语解读三者间的一致关系，自然也就推翻了说话人与释话人的领舞与被领舞关系，释话人与话语的互动不再是对说话人意图解读的简单行为，二主体间的自由互动使解读对象的范围扩大，解读结果对说话人意图的体现具有程度差异。话语解读不再能由明示交际统领，对话语解读目的与内容的描述也必然有所变化，对前者的考虑是解决关联理论遭遇的关联期待与说话人意图不一致问题的前提，对后者的重新描述则正好能澄清关联理论中的隐义界定问题。

话语解读以得出满足释话人关联期待的认知效果为目的，当说话人意义正好可以满足释话人期待时，话语解读符合关联理论探讨的明示交际的情况；然而当说话人意义不足以满足释话人期待时，话语解读会跳出明示交际的限制，以满足释话人获得相关信息的需求为目的，因此话语解读也应该用原型范畴加以描述，满足明示交际、言语产出与话语解读三者间一致关系的话语解读为原型解读（如例4.1中对玛丽是否去舞会的直接答语B1）；明示交际与言语产出不一致时，话语中说话人意图较为隐含、明示程度较低，释话人要为推理结果是否为说话人意义承担较大责任，话语解读原型性降低（如例3.4中国联通电视广告）；当明示交际内容与话语解读内容不一致时，即说话人意图传递的话语意义不足以满足释话人关联期待时，话语解读超出说话人意图交际的范围，原型性更低（参考例3.1对“王工是否回国”的问答）；当明示交际、言语产出与话语解读三者均不一致时，解读过程不但涉及对显性、隐性说话人意图的考虑，还涉及对非说话人意图内容的推理，解读复杂性最高，原型性最低。从这种对话语解读的原型范畴描述中可以看出说话人意图与关联期待不一致的问题只是众多实际话语解读情况中常见的一种，不是特例或有标现象，在放弃关联理论对明示交际、言语产出与话语解读三者统一性的要求后便自然得到解决。

同样，对明示交际、言语产出与话语解读三者间交叉却不重合的关系的认识也使关联理论中的隐义概念卸下重负。关联理论对说话人意义的绝对推崇使得话语解读中一切非显义的意义都被冠以隐义之名，而推理结果对说话人意图的体现程度各不相同，且话语解读的内容不但可能超出明示交际、甚至可能超出非明示交际内容的范围，因此不仅隐义根据对说话人意图体现程度的差别有强弱之分，而且话语解读结果也不是仅有显义、隐义两种，当无法确定认知效果是否还体现说话人意图或明确知道它不体现说话人意图时，就会出现对认知效果的第三种定性——非隐含类语境含义（参考4.2节）。因此话语解读的认知效果也可以用原型范畴加以描述，按对说话人意图承载度由高到低的顺序构成一个边界模糊的连续统，其中显义是最典型的认知效果，作为对话语命题形式的充实丰富及隐义推理的基础，对其的推导严格以说话人意图为指导，因此对说话人意图的体现程度最高；隐义是建立在显义基础上脱离了话语命题形式的意义，释话人在隐义形成过程中行使不同程度的主观能动性。如当听到有人说“你的手艺不错，这蛋糕看上去很可口啊”时，释话人在推理“说话人想品尝一块蛋糕”的认知效果时他的主观性就在起作用，到底说话人是否有此意图并不能十分确定，因此隐义对说话人意图的承载有程度差异，承载度越高则越接近显义端，典型性越高，反之则越接近非隐含类语境含义端，边缘性越高。最不典型的认知效果即对说话人意图承载度趋近甚至等于零的非隐含类语境含义，作为该范畴的边缘成员并不意味着对其推理的可靠性最低，而是由于几乎脱离说话人意图的限制使得这种推理对释话人的依赖性最高，解读结果因人而异的可能性最大，普遍性最低。需要注意的是，不能因为非隐含类语境效果是范畴边缘成员就忽视对它的研究，在对话语解读进行描述时我们有必要尊重客观事实，释话人确实会进行此类性质的解读，且这类语境效果还可能作为新增语境假设协助对说话人意图的推理，如从话语的前提预设中解读出非说话人意图的新信息的情况，此外，有时该性质的认知效果与隐义很难区分，要对隐义进行全面分析也不能脱离对非隐含类语境效果的关注。正因上述原因，对认知效果的描写更适合采取原型范畴的分析方式，关联理论在隐义界定上存在的问题也就迎刃而解了。

5.1.2 对佳联假设再修正并降级为释话人话语解读机制中的子原则

第三章中我们谈到关联话语解读机制中存在三重主要问题：关联对象与指向的含混问题、佳联假设内部运作问题以及佳联假设与关联解读机制不对应问题。就第一重问题而言，话语解读的确涉及多种对象、多个指向的关联，对“关联”概念的多方面考虑本身并没有问题，造成问题的是在描述话语解读过程中对各类关联的含混使用，而这种含混使用往往发生在对关联理论的核心——佳联原则及关联解读机制的应用上，因此对第一个问题的解决实际被包含在后两重问题的处理中，且涉及到“关联”概念的主要是佳联原则，因此关联对象、指向含混的问题主要应放在佳联假设运作问题的处理中。

佳联假设是对说话人产出话语的假设，与释话人解读话语的关联话语解读机制分属于不同的研究角度，佳联假设运作问题属于单一研究角度内部的问题，而它与关联解读机制不对应的问题则属于两个研究角度间的摩擦，因此我们将对这两个问题分开讨论。

5.1.2.1 对佳联假设的再修正

虽然我们旨在从释话人角度出发研究话语解读，但由于上文分析的话语第一重主体性（即对说话人主体性的间接体现）的存在，我们有必要研究说话人如何建构话语、意图话语以何种方式承载说话人意义，以便更好地认识释话人与说话人间以话语为介质的间接协商。在这个意义上我们并不否认从说话人角度出发的佳联假设对描述话语解读的重要性，但由于关联理论提出的佳联假设中关联对象指向不清，导致对其应用过程中产生矛盾或漏洞百出，因此有必要在此进行再修正。现将佳联假设重复如下：

Presumption of optimal relevance

(a) The ostensive stimulus is relevant enough for it to be worth the addressee's effort to process it.

(b) The ostensive stimulus is the most relevant one compatible with the communicator's abilities and preferences. (Sperber & Wilson, 1995: 270)

最佳关联假设

(a) 明示刺激具有足够的关联性，值得听话人付出努力进行加工处理。

(b) 该明示刺激传达的是符合说话人能力、喜好限制的最大相关。

5.1.2.1.1 对佳联假设中底线项的修正

就佳联假设的a项而言，说话人在进行言语交际时，必然意图向听话人① 传达某些信息，为确保听话人接收并处理她所产出的话语、解读出她意图传达的信息，说话人需要使用明示刺激②，然而明示话语具有交际意图并不能保证它提供足够相关的信息。在很多情况下说话人交际的意图是向听话人索取而非提供信息，如大街上陌生人间询问时间，根据4.2节中对认知效果产生方式的探讨，"请问现在几点了"这样的话语不能产生任何认知效果，即话语没有提供任何改变释话人现有认知语境的信息，话语与释话人不相关。这说明说话人在建构话语时，并不一定意图它对释话人足够相关，还有可能仅是与其自身相关，即通过向听话人索取信息改变说话人自身的认知语境，因此我们需要对"足够关联性"中的"关联性"重新界定——话语或者提供与释话人足够相关的认知效果，或者索取与说话人足够相关的认知效果，这一点会反映在我们对佳联假设a项的重新修正上。

关联指向的非单一性还会引发其它后果："足够关联"中与释话人的相关自然值得释话人付出推理努力，然而与说话人的相关却不能构成引发释话人推

① 本文中听话人与释话人指称相同，可以换用，但前者偏重从说话人角度出发话语的被动接收者之义，后者更倾向于从话语解读者自身角度出发强调其主动性。

② 我们在第三章的讨论中已提到，此处的明示刺激与关联理论中的界定不同，关联理论要求明示刺激能够明示说话人的交际意图，而我们认为交际意图的具体内容因有明示程度上的差别，使得在该意义上的明示刺激无法确切界定，事实上明示刺激只能明示说话人有交际意图。

理的充分条件，此时更多的是社会学角度上的交往原则等在起作用，在接收到表明说话人有交际意图的明示刺激后，听话人作为社会的人必须按照社会规约准则行事，进行话语解读。由此明示刺激不一定是因为具有足够关联性，才“值得”释话人解读，在这种意义上佳联假设 a 项中的“值得”（to be worth）一词不合适，我们对佳联假设 a 项的再修正会避免该词的使用。

上述两点讨论都是在“关联”所指为认知效果的层面展开的，在该层面上关联指向具有双向性，既可以指向释话人也可以指向说话人，然而认知效果与努力的比值却仅针对释话人，因为话语解读是由释话人完成的，认知努力也是由释话人付出的。虽然交际过程中听话人遵守合作、礼貌等交往原则，在明确说话人有交际意图时必然会对其话语进行解读，但说话人并不会为此便随意建构自己意图传达的信息，为使信息得到成功传达，避免产出话语的努力白费，她必然会将承载自己意图的话语建构得易于让释话人解读，至少是能够被释话人解读，这便是对认知效果与努力比的底线要求。这种表述比关联理论给出的表述“足够的关联性”要清楚明白得多，同时也更为宽松、简洁，“足够的效果努力比”这一要求的对象性很强，随每句话语及其出现语境的不同而不同，而我们认为既然佳联假设的上限项会对解读中效果与努力比值的具体大小做出限定，此处的底线限定没有必要过于复杂，即不需对每句话的解读单独做限定，只需给出统一的要求——话语足以让释话人解读即可。

结合上述三点论述，我们对佳联假设的 a 项进行重建如下：

a1：说话人准则　说话人使用明示刺激向听话人表明她有交际意图；
　　听话人推论　听话人应遵守人际交往的规约对话语进行解读。

a2：说话人准则　说话人意图话语提供与释话人足够相关的认知效果，或索取与说话人足够相关的认知效果；
　　听话人推论　对说话人意义的解读需要得出与交际双方、至少是一方足够相关的认知效果。

a3：说话人准则　说话人意图话语承载的说话人意义被听话人成功解读；
　　听话人推论　听话人现有认知语境及其调用能力足以实现对话语的解读。

这种重建将原有的一句话分三个要点阐述，保留了原有表述的精华，明确了原来表述含糊的“关联性”的对象及指向，同时也取消了足够关联与话语解读间的因果诱发关系。此外，通过借鉴新格莱斯主义（Levinson，1983，1987，2000）“准则—推论”式含义推导建构法，一方面反映了佳联假设从说话人角度出发的立场及话语体现的说话人主体性，另一方面推论表述的方式也使佳联假设对释话人解读的参照作用更为明晰。

5.1.2.1.2　对佳联假设中上限项的修正

佳联假设的 b 项是关联推理发生各类误解误用的源头，而这又主要由 b 项表述过于简化造成：原有表述中的关键词有两处，“最大关联”与“符合说话人能力、喜好”，由于“关联”对象及所指的不同，最大关联自身及它与附着限制条件“说话人能力、喜好”的匹配都会涉及多个不同层面的内容。此处我们将对这些不同层面分别加以探讨，明确原表述的实际适用层及适用方式。

首先，当关联的对象为认知效果时，它可以指向释话人、说话人中的一方或双方①，无论是对与释话人相关的认知效果的给予还是对与说话人相关的认知效果的索取，说话人意图话语承载的都是符合其能力、喜好的最大关联。此时说话人能力主要指对被讨论的认知效果的掌握度，即在提供关联时说话人是否有能力提供某些认知效果，或在索取关联时说话人是否确无能力独立得出某认知效果；说话人的喜好则是指说话人在发出话语时实际愿意传达或索取的信息的方向及信息量。在话语解读过程中当前意义上的说话人能力、喜好均具有不确定性，我们用一组例子来说明：

例 5.1　A：现在几点了？

B1：快三点了。

B2：北京时间两点五十六分零九秒。

B3：再等我一分钟就走。

A 句是信息索取类话语，旨在获得与己相关的认知效果，B 作为 A 话语的释话人，要解读该问句就是要找出 A 意图索取的符合其能力、喜好的最大认知效果。当 B 确定 A 没有关于当前时间的知识，即无能力单独获得该知识时，对时间信息的索取符合说话人能力限制，此时通过进一步考虑说话人的喜好因素，话语得解：当对话发生在逛街的场合时，说话人可能只是想知道已经逛了

① 在第三章的讨论中，我们还提到了指向话题的关联，由于话题必然与交际的单方或双方相关，至少是交际者感兴趣的内容，否则话题就不会展开，因此话题相关在具体语境中可能被归为与说话人、释话人或二者共同关联中的任何一种。

多长时间了，因此大致的非精确时间是符合其喜好的最大相关信息，在这种情况下他会给出 B1 答语；当 A 是手中拿着停了的表发出该问话时，符合其喜好的最大相关信息应该是精确的时间，这时 B 会酌情给出第二种答语。由此可以看出，语境可以影响说话人的喜好因素。同样说话人的能力因素也并不总是容易把握，当上述问话发生在挂有钟表的房间且 B 确定 A 有独立得出当前时间的能力时，对时间信息的索取不符合该推理方向上说话人能力的限制，“时间索取”这条拟认知效果在被推翻的同时，也推翻了对说话人能力的原定考察方向，释话人需要重新寻找超越话语表层含义的认知效果，当语境为 A 因等了 B 很久且越来越不耐烦时，话语不再是对与说话人相关信息的索取，而是对与双方相关信息的传达，“话语传达抱怨、催促义”这重解读符合在其方向上说话人能力因素的限制，体现了与方向调整后的说话人能力、喜好相符的最大相关，针对这种解读的 B3 答语不是对 A 字面意义的回答，而是表达自己对催促的反应。

从上述分析可以看出，在话语解读过程中对说话人能力、喜好因素的考虑并非定量，对能力、喜好的判定可能随具体语境及推出的每一条拟认知效果具体内容的变化而变化，说话人能力、喜好与认知效果间不是常量与变量的关系，而更像是一种自变量与因变量的关系。因此当关联指向认知效果时，“话语提供与说话人能力、喜好相符的最大相关”这一原则不能被直接应用于指导释话人推理，即不能将“说话人能力、喜好”视为常量，用于推理认知效果。如：

例 5.2　The building is on fire.

因为说话人发出上述话语时刚从外面进来，完全有能力提供外部信息，所以在将说话人能力、喜好视为常量的情况下，最大相关的解读就是将 the building 解读为交际双方共处的建筑。但事实上很多情况下这种解读并不成立，如当该交际发生在报社大楼内，当时正有歹徒劫持人质事件发生在另一座建筑物内，报社人员都在密切关注事件进展情况，此时说话人突然从门外进来说了上述话语，the building 所指也可能是劫持事件发生地而非报社。虽然无论任何情况下“报社着火”都是最为相关的解读，但说话人的意愿喜好因素却能作用于这种解读之上，由于该因素具有不确定性，她既有可能意图提供与大家直接相关的信息，也有可能提供与大家密切关注的话题相关的信息，如果说话人意愿指向后者，即使“报社着火”的相关度更高，这种解读也是错误的。

综上所述，由于释话人在话语解读前无法对“最大关联”的限制因素——“说话人能力与喜好”做出方向上的准确定位，话语解读时，这两个因素在方向与内容上都会经历一个被协商的过程。故在当前意义下“话语传达符合说话人能力、喜好限制的最大相关”这一原则对说话人意义的解读不具导向作用，只能用于协助推理，检验各拟认知效果的真实度（如例5.1问句在第三种情况下，“询问时间”这重认知效果候选项会因为不符合说话人能力这一限制因素而被判定为假）及其对说话人意义的承载度，即检验某推理结果是否传达或者完整传达了说话人意义：未传达的情况即某推理结果真实度为零的情况；未完整传达即推理结果虽然成立，却不是说话人在其方向上所能提供的最大相关的情况。我们可用如下的表述来使当前意义下的佳联假设b项明晰化：

b1：说话人准则　说话人意图话语传达符合其能力、喜好的最大认知效果；

听话人推论　当对说话人意义的拟解读不符合在该解读方向上说话人实际信息提供能力、喜好时，说明说话人还有在其它方向上的交际意图，推理应转向寻找符合对应方向上说话人能力、喜好限制的最大认知效果。

当佳联假设b项中的“关联”指称认知效果与努力比时，虽然关联的指向仅为释话人，认知效果本身的指向却仍可以是交际中的任何一方或双方，说话人意图话语索取或传达与自己或释话人相关的认知效果，释话人在解读这些认知效果时，所得效果与相应的认知努力付出之间的比即为该意义上关联的所指。对关联所指界定上的变化必然也会引发说话人能力、喜好这两个限制条件内容上的变化：当关联指称对象为认知效果时，说话人能力主要指她对交际信息的掌握占有情况，喜好指说话人对其提供或索取信息的内容及具体化程度等的意愿，而此时关联对象为认知效果与努力的比，说话人能力更强调她运用语言手段建构传达某特定信息话语的能力（如在用第二外语交际的情况下对该语言使用掌握是否熟练），喜好则是指说话人对释话人解读话语所需付出努力大小的意愿（如说话人刻意使用花园幽径句以增加释话人认知努力的情况）。虽然这两则限制条件的具体内容有所改变，但其应用方式与关联指称认知效果时的情况大致相同：即由于说话人建构的话语必然是满足这两则限制的、使释话人对其交际意图解读最省力的话语，当释话人对话语拟解读的处理努力耗费与说话人语言运用能力及喜好不符时，他需要重新检查对说话人能力、喜好的语境假设，或者取消原有假设，得出基于对原有假设修正的新认知效果，或者确认原有假设，同时沿其它方向进一步推理，使已有认知效果与新得认知效果结合，由二重效果与努力共同的比值来满足说话人能力、喜好标准。现举两例来说明该问题：

例 5.3　The complex houses married and single students and their families.（转引自冯志伟、许福吉，2002）

例 5.4　Martha：So you are D-I-V-O-R-C-E-D?
Jude：Actually，I'm a W-I-D-O-W-E-R.

例 5.3 为花园幽径句，花园幽径句是一种临时歧义句，整句本没有歧义，但句子前段有歧义，且歧义解读中存在优先项与非优先项，花园幽径句造成处理努力超常的原因就在于歧义解读中的优先项不符合整句解读要求，整句解读过程为：在优先项基础上继续话语后半段的解读时碰壁，回到起点处重新分析，得出对前半句的非优先项解读，在此基础上解读全句。在对例 5.3 的解读中释话人会按常规先将 the complex houses 解读为整句的主语，但当解读到 married 一词时，前后语义上出现不匹配问题，随后的部分甚至连句法要求都不能满足，因此话语解读回到开始处，通过将 the complex 作主语，houses 为谓语动词，使全句获得连贯一致的解读。释话人在以高出常规预期的处理努力解读出说话人意义后，他会对认知语境中关于说话人的能力、喜好的已有假设进行检验，在新建“说话人是故意戏弄自己或测试自己英语句法掌握水平”等语境假设后，取消对说话人喜好的原有假设“说话人愿意使用令我对话语字面义解读努力尽可能小的言语表达”，话语解读终止于对句义的获得与对说话人喜好假设的调整。例 5.4 中无论玛莎还是裘德，他们建构的话语的复杂程度都高于单纯传递字面义实际所需的程度，他们完全有能力建构传达相同信息的更为简洁的话语，同时也找不到任何证据表明说话人有刻意增大释话人处理努力的意愿，由于话语必然携带与说话人能力、喜好相符的最大相关，而已有认知效果与处理努力的比值达不到该要求，因此话语解读有必要沿其它方向继续寻找新认知效果，使新旧效果总和与处理努力总和的比值符合佳联假设的要求。当认知效果为既交流了字面意义又表达了避免让在场孩子心灵不受伤害的意图时，效果与努力的比值达到了符合说话人能力、喜好的最大值，话语解读终止于双重认知效果的得出。

与关联仅指称认知效果的情况相比，它被视为认知效果与努力比的情况更为复杂，因为认知努力这一因素会造成含混问题：比值最大就是在认知效果一定的情况下，认知努力最小，而“努力最小”涉及两个层面，一方面在众多可以传达某特定认知效果的话语中，说话人实际建构的话语是对释话人努力要求最小的；另一方面在对说话人实际建构的话语解读过程中，对说话人意义的解读在可能得出的认知效果中是最先得出的。这两个层面虽然都涉及对释话人认知努力的影响，但出发角度明显不同，例 5.3 和 5.4 不但说明了当关联所指为认知效果与努力比的情况下说话人能力、喜好作用于话语解读的两种方式，也反映了句内意义与句际意义上最小处理努力的区别：例 5.3 中释话人处理努力的超常是句内意义上的，因为沿最省力方向推理得出的第一个解（即由 the complex houses 以名词短语形式作主语）不符合对整句话语解读的要求，需要被取消并重新再推理；而例 5.4 中处理努力的超常则是句际意义上的，由话语中某词语的特殊组成方式造成的，即对话语中某部分的解读本身较为费力，而不涉及多次解读的问题。具体来讲，句内意义上的最小努力是指按语境可及度、沿最省力方向推理得出的第一个解与说话人意义对应的情况，而句际意义上的最小努力则是指释话人为得出对话语或其中的词或短语的解读对语境假设的调用等的难易情况，当没有其它的话语或语词建构方式比实际话语更容易使释话人解读出说话人意义时，说话人使用的话语在句际意义上对释话人认知努力的要求最小。再举两例说明句内和句际意义上最小努力的区别：

例 5.5　A：我是不敢和你去 K 歌了，你简直就是麦霸！
　　　　B：我不是麦霸，我是超级麦霸！

例 5.6　A：那个女人的打扮给人一种说不出来的感觉，反正是——别扭！
　　　　B：哼，老黄瓜涂绿漆呗！

例 5.6 中 B 话语前半句是元语言否定，由于对否定句的元语言解读与对其的非元语言解读相比，后者总是具有优先权，即后种解读的可及度高于前种，当话语实际表达的是元语言否定时，原有解读就必须被推翻重来，这种省力解读与说话人意图解读不符的情况就属于句内意义上的费力问题。例 5.7 中 B 话语字面义与上文无关，要得出与上文话题相关的解读就必须在字面义的基础上进一步推导，最终得出B话语传达的说话人意义是"那个女人是上了年纪还打扮得花枝招展，因为假装年轻，所以让人觉得别扭"，在表达该意义时说话人完全可以用"装嫩"两个字概括，既为话语的产出省力，也使其解读省力，这种在对话语做出第一解读过程中认知努力的超额耗费便是句际意义上最小处理努力的探讨内容。

在句内、句际层面上对省力的考察是有区别的，二者不能等同，承载某些特定说话人意义的话语必然是传达这些意义的、对释话人处理努力要求最小的话语，而沿最小努力方向得出的、对话语的第一解读却不一定是说话人意义，有时对句内意义上处理努力最小的要求是可以被违反的，上文花园幽径句、元语言否定句等都足以证明这一点，但这种违反是有条件的，以保证句际意义上处理努力最小为目的。在对认知效果与努力比的探讨中，对句内、句际层面的考虑缺一不可，任何一层的缺失都会导致研究的完整性严谨性受损，而关联理论却没有注意到这一点，它在对佳联假设的应用中涉及的是句际层面：

例 5.7 Bill, who has thalassemia, is getting married to Susan.
Bill, who has thalassemia, is getting married to Susan, and 1967 was a great year for French wines. (Sperber&Wilson, 1986/95: 127)

关联理论用这两句话来说明处理努力对话语关联度的影响，两句话获得的认知效果相同，但对第二句的解读较费力；然而在基于佳联假设的关联话语解读机制中，斯波伯和威尔逊应用的却又是对认知努力的纯句内性质的考虑——释话人沿最小努力的路径按语境可及度依次推理认知效果。由于句际层面对认知努力的限制不等同于句内层面对省力解读的要求，"在建构佳联假设时仅考虑句际层面、在描述关联话语解读机制时仅强调句内层面"这种做法，也是造成关联理论中佳联假设与话语解读机制脱钩的原因之一，因此我们在对佳联假设的再修正中需要同时顾及到对这两个层面的反映。

现在，在弄清关联所指为效果与努力比的前提下佳联假设b项中各相关因素的运作方式后，我们尝试对过于宽泛模糊的佳联假设上限项重新表述：

b2：说话人准则　说话人建构的是能使释话人以最省力方式解读说话人意义的话语，其中对最小努力的界定以符合说话人能力、喜好为准；

听话人推论一　设说话人有正常语言运用能力，且并无在交际中刻意刁难释话人的意愿，对说话人意义的解读沿最小努力的路径出发，以找到符合佳联假设 b1 项的认知效果为基准；

听话人推论二　当对说话人意义拟解读所得的认知效果可以由更简单直观的话语表述时，即实际认知效果与处理努力的比值小于潜在最大值时，或者当沿最小努力方向得出的第一个解不是说话人意图的解，需要被取消进行再次解读时，应首先对认知语境中相关说话人能力、喜好的假设进行检验，无果时继续推理，寻找努力耗费异常的原因，以该重认知效果与原有效果结合，共同满足对效果与努力比值的要求。

5.1.2.1.3　小结

由于关联理论研究的是对说话人意义的解读，佳联假设的应用对象也是如此，而上文对关联理论中修正后佳联假设的再修正，又是以“说话人准则—听话人推论”这种兼顾交际双方的形式表述的，因此这种再修正也可以被称为“说话人意义的言语建构与解读方案”，它分为底线要求与上限要求两大项，每一大项又分别包含若干小项，现综合表述如下：

对说话人意义言语建构与解读的底线要求：

a1：说话人准则　说话人使用明示刺激向听话人表明她有交际意图；
　　听话人推论　听话人应遵守人际交往的规约对话语进行解读。

a2：说话人准则　说话人意图话语提供与释话人足够相关的认知效果，或索取与说话人足够相关的认知效果；
　　听话人推论　对说话人意义的解读需要得出与交际双方、至少是一方足够相关的认知效果。

a3：说话人准则　说话人意图话语承载的说话人意义被听话人成功解读；
　　听话人推论　听话人现有认知语境及其调用能力足以实现对话语的解读。

对说话人意义言语建构与解读的上限要求：

b1：说话人准则　说话人意图话语传达符合其能力、喜好的最大认知效果；

听话人推论　当对说话人意义的拟解读不符合在该解读方向上说话人实际信息提供能力、喜好时，说明说话人还有在其它方向上的交际意图，推理应转向寻找符合对应方向上说话人能力、喜好限制的最大认知效果。

b2：说话人准则　说话人建构的是能使释话人以最省力方式解读说话人意义的话语，其中对最小努力的界定以符合说话人能力、喜好为准；

听话人推论一　设说话人有正常语言运用能力，且并无在交际中刻意刁难释话人的意愿，对说话人意义的解读沿最小努力的路径出发，以找到符合佳联假设 b1 项的认知效果为基准。

听话人推论二　当对说话人意义拟解读所得的认知效果可由更简单直观的话语表述时，即实际认知效果与处理努力的比值小于潜在最大值时，或者当沿最小努力方向得出的第一个解不是说话人意图的解，需要被取消进行再次解读时，应首先对认知语境中相关说话人能力、喜好的假设进行检验，无果时继续推理，寻找努力耗费异常的原因，以该重认知效果与原有效果结合，共同满足对效果与努力比值的要求。

无论是底线还是上限要求都分别包括对认知效果及效果与努力比两方面内容的限定，在避免了关联理论自身对佳联假设修正前认知效果与努力地位不平等的问题的同时，又比关联理论自身修正后的佳联假设对“关联”的底线与上限描写更为清楚，能有效避免应用中对关联的对象、指向，说话人能力、喜好的性质等概念的混淆误用，此外，在各概念均已澄清后，话语解读对底线、上限要求的同时满足不会再出现矛盾（参照第 3. 3 节）。

5. 1. 2. 2　对关联话语解读机制的再探讨

在 3. 3. 3 节中我们分析了佳联假设的应用与关联话语解读机制的运作间脱钩的具体情况，但并未对原因做出解释，其实佳联假设是从说话人角度对话语承载与传达信息的方式的假设，而关联话语解读机制完全是从释话人角度提出的。鉴于上文对说话人意义与释话人解读出的话语意义间区别的讨论，以描述说话人意义建构方式为目的的佳联假设与以探讨释话人对话语意义解读为宗旨的关联解读机制必然不存在对应关系。一方面关联理论提出的佳联假设本身存在不明确问题，另一方面即使上一节中被修正后的佳联假设也只能起到对说话人意义解读的引导参照作用，而不能应用于指导释话人解读的全过程，也正因为此，我们将本文修正后的“佳联假设”更名为“说话人意义的言语建构与解读方案”，它与关注话语意义的关联解读机制不存在“基础—派生”或者说继承关系。

在关联理论的原有框架下佳联假设与关联话语解读机制存在承袭依存关系，这是因为关联理论认为最佳关联就是“话语理解时付出有效的努力之后所获得的足够语境效果”（何自然、冉永平，2001），然而这其实已经偏离了佳联假设的解释范围，佳联假设针对的是说话人意义，而足够语境效果完全由释话人自身认知语境的需要来决定，不能由说话人意义决定，如：

例 5. 8　Mary：We need four more chairs.

John：Joe has six.

对玛丽来讲，“某处能找到四把椅子”的信息就能达到足够相关，提供足够的语境效果，那么根据最佳关联及关联话语解读机制的要求，释话人只需沿最省力的路线出发，得出“可以去找乔（Joe）借椅子”的认知效果，话语解读随即终止；然而根据佳联假设的要求，说话人建构的是能使释话人以最省力方式解读说话人意义的话语（其中对最小努力的界定以符合说话人能力、喜好为准），要传达上述认知效果，说话人只需回答 Joe has 就可以了，既然建构了需耗费释话人更多努力的 Joe has six 一句，她必然意图提供比已推知认知效果更多的信息，对说话人意义的解读就不能终止于对释话人足够相关的满足，还应在原有认知效果的基础上推理说话人提供过量信息的原因，得出她意图强调“从乔处可以借到四把椅子的可能性很高”这一认知效果后，对说话人意义的解读才算全部结束。由该例可以看出两点：一方面，关联理论对最佳关联的界定与佳联假设中体现的最佳关联不符，“以尽可能小的认知努力获得足够认知效果”不等同于“符合说话人能力、喜好的最大关联”，佳联假设与关联解读机制间的貌似承袭关系是建立在对最佳关联偷换概念的基础之上的；另一方面，虽然对说话人意义的解读与对话语意义的解读并不重合，但前者应属于后者，即对话语意义的解读应包含对说话人意义的解读，然而现有关联话语解读机制指导下的推理却有可能出现因满足了对释话人足够相关而终止对说话人意义继续解读的情况，因此在原有关联理论框架下，不仅佳联假设及佳联定义本身存在问题，关联解读机制也同样需要修正。

5.1.2.2.1 对关联话语解读机制地位及建构基础的更正

关联理论认为每则用于交际的话语都传达了“自身符合最佳关联假设”这一信息，佳联假设描述了说话人建构话语时自觉无意识遵守的一些原则，而这些原则能用于指导对说话人意义的解读，关联话语解读机制便是基于对佳联假设的反向思考得出的、对释话人解读话语过程的描述，因此可以说关联理论中话语解读机制是佳联假设或者是交际关联原则的派生准则，处于从属地位。而当我们把研究视角从说话人转向释话人时，根据上文的分析，话语解读便不仅仅是对说话人意义的解读，从释话人角度对话语解读的描述也就不再单纯是佳联假设的派生准则，而必须是涵盖佳联假设（对说话人意义的解读）并高于佳联假设的一种独立的准则，它不从属于任何关于说话人意义的原则或假设，相反关于说话人意义在话语中建构方式的原则或假设会为话语解读中说话人意义这部分内容的描述提供一定的参照，因此佳联假设与关联解读机制间的关系不是统领—从属或被承袭—继承的关系，而是被涵盖—涵盖、被统摄—统摄的关系。

佳联假设非但不是关联话语解读机制的基础，它对关联话语解读机制的反向影响作用也比关联理论的预期要小的多。即使在对说话人意义的解读时，也不能确定第一个沿最小努力方向得出的解就是最终解读，正如上文所述，很多情况下说话人也会刻意建构话语，使释话人最易得出的解读不是她意图的解读（如元语言否定句），因此，与对其它话语意义的解读一样，对说话人意义的解读同样需要经过其它语境假设的检验，在不与强度更高的已有语境假设发生冲突时，才能被确认为解。由此可见，对于话语解读机制而言，佳联假设的主要作用仅在于当对释话人足够相关的认知效果与说话人意义不重合时，指导释话人对后者的完整解读。

由于关联解读机制不是佳联假设的从属推论，该机制的建构基础这一问题就有必要重新考虑：就释话人而言，在交际过程中一方面他要遵守交往规约，以合作的态度解读说话人言语，另一方面解读不是无序混乱的，人是经济的动物，在其一切行为中都有对省力的追求，齐夫（Zipf，1949）对人类行为给出了普遍适用的生态学描述，其中最小努力原则（Principle of Least Effort）是起根本性指导作用的原则，是“指导人类所有类型的个人或集体行为（包括言语行为）的首要原则（Zipf，1949：vii）”（the primary principle that governs our entire individual and collective behaviour of all sorts, including the behaviour of our language …），其后 Martinet（1962）也对语言使用中的经济问题提出过较为著名的论述，可以说省力原则是言语交际中公认的指导原则。因此我们认为，释话人沿最小努力方向、按语境可及度大小依次进行解读尝试有其生态学基础，是长期进化而来的一种无意识行为，即自发的（reflexive）而非思考后的（reflective）行为，它不是话语佳联假设的衍生推论，不是说话人意义独有的解读方式，而是具有普遍适用性，无论对说话人意义还是对其它话语意义的解读，都遵循这一行为准则。

5.1.2.2.2 对关联话语解读机制的精细化加工

总体来说，可能被解读为话语意义的有三类信息：说话人意图、满足释话人需求的足够认知效果及调用语境可及度高的假设耗费较少努力得出的解读。释话人对第一类信息的解读是说话人发话的目的所在，往往也与释话人自身的交际目的一致。当交际过程中双方目的不同时，即使释话人不需要考虑说话人意义就能解读出自身所需的信息，但根据社会交往规约，他也必须对说话人意图进行解读，说话人意义是话语意义的一部分，是释话人的必推项。

对满足释话人需求的足够认知效果的解读，是释话人参与交际的中心目的所在，不言而喻这类认知结果也是话语意义的一部分，它与关于说话人意图的认知效果有五种可能的关系：重合、被包含（例 5.8）及包含（例 5.9 中 B1）、交叉（例 5.9 中 B2）、无交集（例 5.9 中 B3）。

例 5.9 （A、B 是久违的中学同学，当时 A 曾对 B 心生爱恋，再次见面时还是单身的 A 仍对 B 有好感）

A：好久不见，你比以前更漂亮了，一定是爱情滋润的原因吧！

B1：没错！

B2：（红着脸微笑道）你就取笑我吧！

B3：什么漂不漂亮？都一把年纪了。

B1 中说话人意义是对“爱情滋润”这一原因给予肯定，而对释话人的足够相关是说话人意义加另一条认知效果——“A 已无望再追求 B”，因此后者包含前者；B2 中说话人意义是肯定的同时表现出被夸奖时既难为情又高兴的态度，释话人的足够相关仍然是肯定答案加"追求无望"，二者为交叉关系；B3 中说话人意图仅是针对漂亮与否的话题给出反馈，但对释话人足够相关的信息仍旧是 A 是否已有爱人、自己是否还有希望追求 A 的信息，此时二者无交集。对释话人的足够认知效果与说话人意义间上述五种关系中，第一种情况最为简单，释话人对说话人意图的推理同时也满足了自己的交际目的；第二、三种情况较为复杂，需要在解读到一类认知效果后继续对与另一方相关的效果进行解读；后种情况最为复杂，需要推理沿两个方向展开。

调用语境可及度高的假设、耗费较少努力得出的解读也就是话语解读过程中最早得出的一个或几个拟解读，这些解读可能正好与上述两种或其中一种认知效果重合（即沿最小努力方向最早得出的解恰好是说话人意义或与释话人足够相关的认知效果），但亦有可能跟上述两类认知效果都不重合，此时又存在两种情况，一种情况下最易推理得出的认知效果与对下文的解读或与已有的认知语境假设不符，因此被取消，另一种情况下与可及度最高的语境假设结合得出的虽然既不是说话人意图传达的意义，也不是释话人期待获得的信息，但也不会被已有语境假设或对下文的解读而取消，如例 4. 17 中由于德籍机长英语掌握程度不高造成话语引发意外联想义的情况，对该联想义的传达或解读既不是说话人的意图也不是释话人期待的与己相关的认知效果，但该解读也并不会被取消，事实上它成了机长话语中幽默的根源。这类认知效果也是话语意义的一部分，但与上两类话语意义不同，它不是话语解读的必须项，由于其自身性质的特殊性，并不是所有话语都会被解读出此类认知效果。此外，由于话语解读的目标只有两个，主动目标是获得释话人期待的相关信息，被动目标是遵守交往准则、得出说话人意图传达的信息，这两个目标可能重合也可能不重合，但无论怎样，根据言语行为的经济原则（Zipf，1949），话语解读在达成这两个目标后必然会终止，因此当前讨论的这类认知效果只有在对说话人意图或释话人期待的相关这两类效果的完整解读之前才有可能得出。

对于上述三种可能被解读为话语意义的认知效果，现有关联话语解读机制对其中任何一种都无法给出满意的解释：一方面，我们说关联理论框架下的话语解读机制与佳联假设间没有承袭、派生关系，但是佳联假设对说话人意义的解读有指导参照作用，因此二者应该是一种被统摄—统摄的关系，然而现有关联话语解读程序对说话人意义的描述力却不够，可能出现话语解读机制得出的解不是对说话人意义完整解读的情况，这使得佳联假设与解读机制间形成了一种类似互补的关系（对话语的解读不但要遵循解读机制、同时也不能违反佳联假设），关联解读机制必要的独立性被取消。由此引发以下问题：如何将佳联假设融入关联话语解读机制之中，使解读机制独立完成对说话人意义的解释？另一方面，当释话人期待达到的相关不是说话人意图提供的信息时（如例5.9中的B3答语），他不能再依靠说话人的合作，而必须根据话语自身提供的线索，结合语境可及度因素推理自己所需的信息，此外，受释话人话语解读时认知语境可及度情况的影响，还可能产生非说话人和释话人期待的意外认知效果。这两类认知效果都与说话人对话语承载意义的方式的建构无关，与佳联假设的要求无关，关联话语解读程序如何对这些本不在其探讨范围内的认知效果做出解释？

要解决现阶段关联理论存在的问题，实现理论修正，就必须回答上面这两个问题，而要回答上述二问题就必须重新审视关联话语解读机制，对其运作方式进行精细化加工。“沿最小努力的路径推理认知效果，按可及性的顺序检验解读假设，当关联期待得到满足时停止推理”（Wilson & Sperber，2004：612），在该表述中沿最小努力路径推理是人类生物进化本能的要求，对解读假设（或者说拟解读）的检验是保证解读有效性的必要措施，它们对关联解读机制解释力的大小不产生影响，要解决上述二问题就需要把握决定话语解读的关键概念——“关联期待的满足”。

在4.1节中我们重点阐发了关联期待的动态性，释话人在解读前与解读中对话语的关联期待不是一成不变的，而可能在性质、方向等多个维度上发生变化，当时讨论的期待调整主要针对释话人对足够相关的期待，没有专门关注过对说话人意义解读的期待，其实对说话人意义的解读也能引发期待调整，佳联假设①对说话人意义解读的限制便可以体现在关联期待的动态变化上：一方面由于佳联假设是检验对说话人意义解读完整与否的衡量标准，它要求“当对说话人意义的拟解读不符合在该解读方向上说话人实际信息提供能力、喜好时，说明说话人还有在其它方向上的交际意图，推理应转向寻找符合对应方向上说话人能力、喜好限制的最大认知效果”，因此在话语解读前释话人的关联

① 此处出现的佳联假设均指我们对关联理论中的佳联假设再修正后的版本，即说话人意义的言语建构与解读方案。

期待中还含有对说话人提供在某方向上符合其能力、喜好的最大相关信息的期待，当该期待被违反时，期待方向会自动调整到对违反原因的寻找上；另一方面由于佳联假设表明话语是“能使释话人以最省力方式解读说话人意义的话语，其中对最小努力的界定以符合说话人能力、喜好为准”，因此释话人话语解读前还会期待沿最小努力路径对话语的第一解读即说话人意义，以及期待对每一则效果的解读努力都不会超常，在实际话语解读过程中这两种期待都有可能被取消，通过引发对认知效果期待的调整，间接将推理引向不同方向，继续对说话人意义的解读。在原有关联期待，即对获得足够认知效果的期待的基础上，补充上述三种期待，便可以将佳联假设对说话人意义解读的限制作用融入关联话语解读机制之中，推理过程就是捕捉各类关联期待的动态变化并满足它们的过程，由此关联话语解读机制便可以充分描述对说话人意义的解读。

对于满足释话人自身需求类的认知效果，上文讨论过它与说话人意义间有重合、被包含、包含、交叉与无交集五种可能，在讨论关联话语解读机制对此类认知效果的解释力时，我们只需把满足释话人自身需求类认知效果统分为两种情况：涉及说话人意义的情况与不涉及说话人意义的情况。涉及说话人意义的认知效果，其解读遵循上文介绍的方式，即话语解读是对原有关联期待外加三类由佳联假设派生的关联期待的动态满足；而对其它各类认知效果，只要将关联期待定位在第四章讨论的对象，对它的动态满足便足以解释这些认知效果的得出。

对于调用语境可及度高的假设耗费较少努力得出的解读，其实根本不需要对关联话语解读机制做出额外的补充，便可对这类认知效果做出解释。因为这类效果的产生主要是语境可及度作用的结果，无论是否满足关联期待这一限制因素，只要它在语境检验环节中不被取消，即可作为话语意义的一部分被产出。我们之所以在此对这类效果的解读进行专门描述，是为了突出被关联理论忽视的既非说话人意图也非释话人期待的意外关联类认知效果，原有关联解读机制虽不将此类解读列入解释范围，但事实上完全可以兼容对其的解读。

由此，关联话语解读机制在解释话语意义过程中遇到的问题便全部解决了。通过对关联话语解读机制做出精细化加工，强调“关联期待”这一决定推理终止的条件的动态性，及动态调整的作用对象（即初始期待）的内容——对与释话人足够相关的期待、对说话人提供在某特定方向上符合其能力喜好的最大相关的期待、对沿最小努力路径对话语的第一解读即说话人意义的期待、以及对每一则效果解读时所需努力都不会超常的期待，话语解读过程中各类认知效果的产出就完全统一在了关联话语解读机制之下，且佳联假设也直接被该解读机制统摄、涵盖，不再以并列、互补方式存在，更不会与解读机制发生矛盾，产生不对应问题。

5.1.3 总结

到此为止，我们对第三章提出的关联理论解释语用推理时面临的三大问题的拟解决或避免方案已经介绍完毕。概括来说，对关联期待与说话人意图不一致的问题通过明确以释话人角度为出发点，使说话人意图降格的做法来解决；隐义界定的问题则通过对认知效果使用原型范畴概念、按对说话人意图承载度由高到低的顺序、建构“显义—隐义—非隐义类语境效果”边界模糊的连续统的方式来解决；对关联解读机制内部的问题则通过对佳联假设的修正、对话语解读机制的精细化加工及对二者间关系的调整来化解。既然解释语用推理过程中关联理论面临的主要问题都已解决，对关联推理的优化基本完成，接下来便可以以此为基础，进行对关联优选模式的建构。

5.2 优选论方法论及其适当变通

虽然第二章提到了优选论与关联理论结合研究的现状，但当时的介绍过于简化，在正式开始关联优选推理模式的建构之前，我们还有必要具体了解一下优选论的方法论，即优选在语言学研究中的具体运作方式，同时也要对其进行适当的修改，以适应对语用推理描述的需要。

优选论是上世纪90年代产生的起源于音系学的新理论，它最早由普林斯与斯摩兰斯基（Prince& Smolesnky，1993）提出，与传统的生成音系学在方法论上最大的区别在于前者认为合格的语音输出以规则为指导，由底层到表层串行有序生成，所有规则都是不可违反的，且规则的应用无顺序限制；而作为对生成音系学的叛逆，优选论否认了音系规则在语音输出中的作用，认为“普遍语法既不体现为音系表达的某种形式，也不体现为音系规则，而是体现在制约条件对语音表达的作用方面（李兵，1998：76）”。不同于音系规则，普遍的制约条件都是可以违反的，制约条件在应用过程中根据其重要性按等级排序，语音输出是这些可违反的制约条件交互作用的结果，“优选论是根据制约条件等级排列建立起来的制约条件等级体系来确定语言的最佳输出形式的（马秋武、王嘉玲，2001：F26）”。

5.2.1 优选论操作机制简述

优选论的具体操作机制如下（Kager，1999；马秋武、王嘉玲，2001）：

优选描写的是输入与输出项间的对应机制，操作过程主要分两步：由生成机制（Gen.）为某输入项生成所有逻辑上可能的潜在对应输出项（候选项），然后将产出结果提交给评估机制（Eval.），由评估机制中一组有序限制条件对各输出项的和谐度（harmonic value）进行评估，最后得出与输入项匹配的最佳优选输出项，对该过程可简单描述如下：

生成机制（输入项）⟶｛候选项$_1$，候选项$_2$……候选项$_n$｝

评估机制｛候选项$_1$，候选项$_2$……候选项$_n$｝→输出项

评估机制是优选运作机制的核心，它所包含的制约条件等级体系会同时对所有候选项进行一次性筛选，遵照绝对支配（strict domination）原则，在任何情况下对高级制约条件的违反都比对低级制约条件的违反严重，对前者的违反不能由对后者的满足来弥补。如候选项 1 仅违反了一条制约条件，候选项 2 则违反了五条，但前者违反的一条制约条件等级高于后者违反的所有五条，此时即使前者对其它低级制约条件全都满足，它也要被淘汰，后者胜出；对输出项的优选就是寻找对限制条件违反程度最小的候选项，它的实质是对每一条限制条件的违反均以避免对更高级别限制条件的违反为目的。总而言之，最低限度违反（或最大限度满足）制约条件等级体系的候选项便是评估机制最终选择的输出项。

5.2.2 优选论与语用推理

音系学中的优选是从说话人角度出发的对语音输出的优选，随着优选论在语言学界的蓬勃发展，后来又出现了从听话人角度出发的对词形的语义输出的优选等，但这些都还是单一方向（unidirectional）上的优选。布鲁特纳（Blutner，2000）在将优选论用于描述语用推理时提出了同时考虑交际双方因素的双向（bidirectional）优选，双向优选以新格莱斯推理原则为基础，借鉴齐夫（1949）关于省力原则的讨论，依据信息/关联准则与数量准则分别提出使说话人产出努力最小化与使听话人解读努力最小化的限制条件，前者为同一个句法表达选择最可能的解读，后者为说话人意义选择最可能的句法表达。此外，布鲁特纳还在强双向优选的基础上派生出弱双向优选理论，对荷恩（Horn，

1984）语用分工说中的“无标表达表示无标含义，有标表达携带有标意义”给出了优选论解释，由此优选论在语用推理上的应用几乎全是沿着双向优选的方向发展的。然而儒依（van Rooy，2004）发现双向优选（确切说是双向优选的根基——格莱斯准则）在解释常规会话含义上存在不足，级阶含义等的推导并不能由量准则完全解释，它离不开对句子话题的考虑（topic-dependent），因此儒依借鉴了关联理论中的“关联”概念，提出了佳联与双向优选结合互补，共同解释语用推理的方案。从交际双方出发的特性决定了双向优选具有全局性，凡涉及双向优选的推理解释都是从宏观全局（globalist）角度得出的分析，而不适合用于为在线实时推理建立具有心理现实性的模型，近似的观点也得到了众多学者的响应（Beaver & Lee，2004；Blutner，2006b；Zeevat，2000）。既然本文讨论的关联话语解读机制是从认知语用学角度提出的对话语在线解读方式的描写，双向优选对我们的借鉴作用不大，而从释话人角度出发的单向优选立足于本地（localist），具有建构在线推理模型的潜能。布鲁特纳（2006a，b）提出用双向优选描写历时层面促使语言发展的力量，用单向优选描写共时层面上的在线语用推理，二者间由固化理论（the theory of fossalization）衔接，促使语言发展的力量演化出某些推理方式，这些方式在实时推理中固化，使语用推理部分自动化，进而使高效迅速的话语解读成为可能。虽然布鲁特纳仅提出了上述设想，还没有将理论丰富充实起来，但这已足以作为借鉴单向优选探讨话语在线解读机制的又一理据，我们下文将要探讨的关联优选推理模式便要将这种可能付诸实施，以从释话人角度出发的单向优选作为模式建构的基础。

5.2.3 优选论应用于关联话语解读机制所需的适当变通

描写语音输出的静态优选论用于构建认知主体间的动态协商，还要兼容对优选行为实施者处理努力大小的考虑，在其方法论上就必然要做出适当的变通，以适应建构关联话语解读机制统摄下的优选推理模式的需求：

首先，单向优选虽然有用于描写话语在线解读的潜能，但将关联作为考虑因素之一融入对语用推理的优选描写与以关联作为基本概念、在其基础上建构优选推理模式是截然不同的，前者将关联概念作为整体或分解（认知效果的多少与处理努力的大小）后，构建为优选机制评估机制中的一条或两条限制条件，而后者（本研究的出发点）则要求以“关联”这个宏观高层概念作为统摄全局的总方针，评价器中的所有限制条件均在不同程度上与关联有关，但又都不直接涉及这个概念，在应用于对实际话语解读的指导时，“关联”需要在微观具体层面上有多种分解体现。

其次，之前的优选论应用于语用学的研究均遵照优选论最初的要求，所有输出候选项同时被评估机制进行评估，重点考虑对评估机制内限制条件及其等级序列的建构；而在建构具有心理现实性的模型时，我们必须考虑到释话人对话语解读候选项的产出不是一次性全部生成的过程，候选项也不会同时并行进入评估机制，接受限制条件的检验，因此有必要对原优选论中评估机制运作机制做出适应性变通：在我们建构的优选模型中，评估机制对输出候选项的检验是依次有序的，对优选项的生成也不是一次完成的，而是对评估机制的反复利用过程。

第三，在原优选论的应用中生成机制仅起到生成所有逻辑上可能的输出候选项的作用，生成结果不考虑排序，同时被送入评估机制，因此对生成机制本身或其限制影响因素的探讨意义不大。但在我们要构建的优选模式中，既然输出候选项是依次进入评估机制的，那么对候选项生成、排序负责的生成机制也是要考虑的内容，作为评估机制被检项的按序提供装置，生成机制与评估机制在描述话语解读机制时发挥同等重要的作用。

第四，音系学中的优选生成机制与评估机制各司其职，二者相互独立，不存在互动关系；而在生成认知效果候选项的过程中对语境可及度的考虑受到释话人关联期待的影响，关联期待又与优选评估机制中的限制条件有关，因此在关联优选推理机制中生成机制与评估机制并非互不干涉，而是相互影响的，除了给予生成机制必要的重视外，对关联优选推理模式的描写还需要考虑生成机制与评估机制间的互动关系。

第五，优选评估机制中的限制条件一旦确定，均是静态、固定不变的，无论输出候选项的性质、内容如何，它们都接受评估机制内固定限制条件及条件等级序列的检验；而在构建具有心理现实性的关联优选模式时，由于上文分析的影响认知效果得出的主要因素之一——关联期待具有动态性，使评估机制中与该因素有关的限制条件也必然带上动态性质，以动态的方式与评估机制内其它静态限制条件互动、结合，共同决定认知效果的输出。

第六，优选论评估机制中限制条件的等级排序以及绝对支配原则的提出，就是为了保证能挑出候选项中和谐度最高的一个，使得所有候选项中仅有一项作为优选项最终胜出；然而在对话语解读的描写中，每句话的认知效果并非只有一个，而可以是不同方向、不同性质的认知效果的累加，因此话语解读的关联优选模式中评估机制不能只允许一个解读候选项通过检验，需要对限制条件加上性质分类：对绝对限制条件的违反不分等级，均会造成候选项的被取消，而对相对限制的违反只会造成认知效果性质的不同，随被违反条件的等级不同，认知效果对说话人意图体现程度、典型程度等均会不同。也就是说，优选项的产出不仅需要对几个候选项通过评估机制时的和谐度做出比较，还需要对每个候选项的和谐度本身做出判断，优选项的产出不是唯一，当某候选项的和谐度大于或等于某特定值时便可胜出。然而评估机制也不会对输出候选项进行无限次的检验，当输出的优选认知效果集合共同达到某和谐度时，生成机制停止生成输出候选项，评估机制停止评估，话语解读结束。

5.3 关联优选推理模式的整体建构

关联话语解读机制统摄下的优选模式不是对候选项生成、评估一次性完成的单层面模式，候选项生成的有序性决定了关联优选模式的动态、多层面性质，生成机制与评估机制在关联话语解读的优选模式中不是单向产出—接收的关系，而是存在二者间的互动，生成机制决定对评估机制的输入，而评估机制对候选项的检验又影响下一步生成机制的运作。在本节中，我们先对话语（输入项）进入生成机制、通过评估机制、得出解读（输出项）的宏观框架做一描写，之后再分别对生成机制、评估机制的运作，以及二者间的互动方式进行讨论，最终实现对关联优选推理模式的全面建构。

5.3.1 关联优选推理模式的宏观框架

根据关联话语解读机制，话语解读的过程是释话人沿最小努力的方向，按语境可及度依次将语境假设与话语结合，寻找满足关联期待的认知效果的过程，当通过语境假设检验的认知效果足够满足期待时，话语推理结束。我们可以将该过程简单的图式化为：

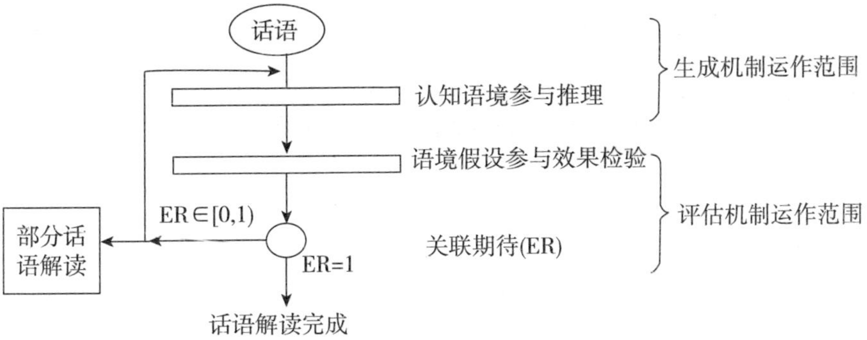

图 5.1　关联优选推理模式宏观框架图

话语与语境结合，得出旨在满足关联期待的拟认知效果，这些认知效果候选项接受语境的检验，通过检验便是优选项，作为对该话语解读结果（或结果的一部分）被输出，然而并非所有通过语境检验的解读均能满足关联期待，在被关联期待检验时，不能或不能完全满足关联期待的解优选项（即 0≤ER<1）虽被输出（最左边的左向箭头表示），却不能终止解读，推理还需进一步进行（左向箭头向上的分支表示），当且仅当某步得出的认知效果与已有解读结合，共同满足关联期待时，话语解读完成（最下方的下向箭头表示）。在上述过程中，认知语境中的语境假设按可及度依次与话语解码结果结合、产出解读候选项的过程属生成机制运作的范围，而候选项通过语境假设及关联期待的检验、最终得出一个或一组优选认知效果的过程属于优选评估机制的运作范围。现举一例说明：

例 5.10　（对儿子很重要的一个考试今日揭榜，母亲让父亲去看结果，父亲回来后两人间有如下对话）

母亲：怎么样？

父亲：过了。

此处我们关注母亲向父亲提问后对其答语的理解过程。首先，母亲在接收父亲答语前就具有对父亲话语的初始关联期待，按照 4. 1. 2 节对期待性质的三种分类，此时母亲至少具有对父亲提供话题相关的回答的期待（第二类期待），鉴于 4. 3. 3. 2 节对关联期待通过调整语境可及度、进而间接影响假设调用方式的讨论，这会直接影响母亲认知语境中假设可及度的排序，使她提前将话语推理所需的认知语境缩小到一定的范围，且将推导限制在儿子是否通过了考试的方向上；当接收到答语后，她很容易地将“过了”的主体与受事分别分配给“儿子”与“考试”，并把“过”解歧为“通过”，将命题充实为“儿子通过了考试”。答语与语境结合得出的显义顺利通过语境检验，也直接满足了先前关联期待——对父亲回答其问题的期待，语用推理结束，其中“过了”一句被解码后充实为“儿子通过了这个重要的考试”作为认知效果候选项的产出由优选机制的生成机制完成，而该解读通过语境假设及关联期待的检验，作为最优话语解读选项胜出的过程，由优选评估机制实施。

从对该例的分析中可以看出，一方面，释话人对话语的关联期待影响其语境可及度排序，进而影响生成机制对候选项的输出，而关联期待同时又是优选评估机制中的主要限制条件之一，由此生成机制与评估机制间必然存在互动关系；另一方面，关联优选模型的宏观框架简化、泛化了实际的话语理解，反映的只是生成的第一个认知效果候选项直接通过语境假设及初始关联期待的检验，并作为唯一优选认知效果被输出的情况，然而在实际的话语理解过程中，无论是生成机制中话语与认知语境的结合，还是评估机制中对语境假设检验条件及与关联期待相关的限制条件等的通过，都可能出现复杂的情况。因此完整的关联优选模式会比上述宏观框架的描写复杂的多。

最后还需说明的一点是，之所以将评估机制中与关联期待有关的限制条件与其它限制条件分开，单独建构为一个层面，是为了顾及关联期待的动态性分别对生成机制生成方式和评估机制中其它限制条件的影响，而由此一来，生成机制（语境参与推理）与评估机制中的两个层面（语境参与认知效果是否为真的检验、关联期待进行认知效果产出是否完整的检验）也就分别与第四章对语境假设调用多元性、认知效果复杂性与关联期待动态性的讨论产生了对应，下面我们就以第四章为优选推理模式建构的关联前提为基础，分别对关联优选宏观框架下的生成、评估机制运作方式进行描写阐述，揭示话语解读涉及的各类复杂情况。

5.3.2 关联优选推理模式中生成机制的运作

生成机制负责对认知效果候选项的有序生成，而这些候选项的生成以对语境假设的选择性调用为前提，语境假设既可能是认知语境可及度不受外界因素干扰情况下的调用，也可能是在对关联期待的逆证引导作用等多重因素考虑后的调用，因此生成机制中会有一套等级有序的限制条件对语境假设的调用顺序进而对认知效果候选项的产出顺序负责，对该套制约条件的提出基于优选推理模式之关联前提建构中对语境假设调用多元性的讨论。

从4.3节对认知语境的讨论中我们已经知道，决定语境假设调用的最主要因素是语境可及度，在影响可及度的因素中，假设在上下文出现的时间间距等可以由说话人控制，而释话人个人经验、释话人对假设的调用频度等不能或不能完全受说话人干预，因此按照释话人认知语境可及度进行假设调用，与解码后的话语结合，得出的认知效果候选项很可能不是说话人意图的解读、可能不是优选项，无法通过评估机制的检验，此时需要对输出候选项进行再次生成。4.3.3节也讨论过影响语境假设调用的除了语境可及度外，关联期待也可能通过影响释话人认知语境内部显映度而间接作用于语境可及度，进而影响到假设调用；此外假设的互显度及强度等因素也可能影响假设调用。因此在基于关联话语解读机制的优选推理模式中，认知效果候选项的生成机制内部也有按等级排序的限制条件，由这些有序限制条件决定被调用的语境假设及其调用顺序，进而决定由调用后假设与话语结合生成的认知效果候选项及其生成顺序，对该限制条件等级顺序建构如下：

语境可及度（MAX-Acces. CA）>>关联期待对假设的需求（ACCORD-ER）>>假设互显度（High-Degr. Mm. CA）>>假设强度（High-Stren. CA）

MAX-Acces. CA：释话人应调用认知语境中可及度最高的语境假设

ACCORD-ER：调用的语境假设能够、至少可能生成符合关联期待的解读

High-Degr. Mm. CA：释话人应调用认知语境中互显度较高的语境假设

High-Stren. CA：释话人应调用认知语境中强度较高的语境假设

优选论将制约条件分为忠实性（faithfulness）与标记性（markedness）两种，前者触发变化，造成输出与输入项的不对应，后者阻止变化，要求输入输出间保持某种相似性，在此处的应用中忠实性限制条件相当于释话人不受其它因素影响，完全按自身认知语境中假设可及度情况进行的解读，但这种解读很可能不符合话语解读最终要实现的目标，因此需要标记性制约条件来限制忠实性条件的作用，通过对语境调用候选项强度的限制，及其对说话人意图反映程度的限制，来确保由被调用假设结合话语依次生成的认知效果候选项能省力、高效地通过评估机制检验，完成话语解读。标记性制约条件分为两种：受语境影响的限制条件（MC-sensitive）和与语境无关的限制条件（MC-free），在此处讨论的情况中所有的条件都涉及语境，因此对这种区分的意义不大，但却有

必要提出另一对分类：受关联期待影响的标记性制约条件（M. ER-sensitive）和与期待无关的标记性制约条件（M. ER-free），由于关联期待在话语解读中具有动态性，这一分类为各标记性制约条件的稳定性作了定位，前种条件对语境调用的检验随关联期待的不同而不同，制约条件的具体内容具有变异性，而后种条件仅取决于语境假设自身，这种条件限制的稳定性相对较高。综上所述，我们对关联优选推理模式中生成机制内关于语境假设调用的限制条件作如下定性：

表 5.1　关联优选推理模式中生成机制内语境假设调用限制条件的性质分类

Faithful	M. ER-sensitive	M. ER-free	
MAX-Acces. CA	ACCORD-ER	High-Degr. Mm. CA	High-Stren. CA

优选论曾分析了不同性质的限制条件（忠实条件、语境敏感的标记条件与不受语境影响的标记条件）等级排序不同会对优选输出项造成的影响，当忠实性条件等级高于两类标记性条件时，优选得出的输出项体现全面对立（full contrast）的特征（Kager，1999：36），即输出项忠实反映输入项特征，不存在任何变异或是中和，因而与其它输入的输出对应项全面对立；而我们此处对生成机制中关于语境假设调用的制约条件的排序也是忠实性条件高于标记性条件，若严格遵照优选论的看法，得出的优选输出项应该反映对语境可及度这一限制条件的绝对忠实，话语解读完全由释话人自主进行，不考虑对说话人的合作，认知效果候选项是否符合说话人意图、是否成立均不确定，这种输出项也体现着一种全面对立的特征，话语解读仅涉及释话人自身因素，与对其它因素的考虑全面对立，然而我们说，即使忠实条件是最高等级的条件，这种对立特性也不一定存在，优选项是比较得出的相对概念，没有绝对性，所有限制条件都可以被违反，优选仅要求选择违反程度最小的候选项，并未要求等级最高的限制条件不可违反，当所有候选项均违反最高等级的限制条件时，通过对次级制约条件的违反与否仍可以进行优选，尽管筛选后得出的优选项违反了最高制约条件，但在所有候选项中，相对而言它仍是和谐度最高的选项。优选论中之所以不会或极少出现这种情况是因为若所有候选项同时违反最高等级限制条件，则该条件的提出本身就是多余、无意义的，然而在我们在当前探讨的关于假设调用的制约条件排序中，符合最高制约条件的语境假设候选项往往有且仅有一个，对候选项的筛选首先考虑满足最高制约条件的这个候选项，当该候选项与话语结合生成的认知效果候选项在关联优选推理模式的评估机制中被筛

选掉时，生成机制必须再次对认知效果候选项进行生成，需要再次调用语境假设，此时所有的语境假设候选项均是违反最高制约条件的候选项，对这些候选项的再次优选以对最高制约条件之外的制约条件的最小违反为标准，由此，当最高制约条件被违反后，语境调用的最优选项被淘汰，随优选的继续进行，话语解读采用的语境假设是语境调用的次级优选项。当然此处的情况还有些复杂，这里的制约条件序列中对最高制约条件的违反有个程度问题，因此当语境调用最优选项与话语结合产生的认知效果候选项被评估机制淘汰后，对次级语境假设调用优选项的评估在权衡对次级制约条件违反的同时，还必须兼对最高制约条件 MAX-Acces. CA 违反程度进行考虑，即语境假设调用虽然可以违反语境可及度要求，但该过程始终离不开对可及度的考察。下面我们就举例依次说明这些情况：

首先仍以例 5.10 为例，此处我们关注父亲对母亲问话的解读。父亲出门时被委派的任务是查看儿子的考试结果，回到家时他期待母亲询问与此相关的问题，其认知语境内部最突显的语境框架即关于儿子考试结果的框架，对其中假设的调用可及度最高。需要注意的是我们在 4.3.1.2.3 节中提到对话语的显义解读及其它类型意义解读使用的语境性质不同，后者是 Cn 类语境，反映的是具体的语境假设，每一次语境调用都是对一个具体语境假设的选择。然而前者属 Cn 类综合性质的语境，可以是同时包含具体场合、工作记忆和知识结构因素的语境框架，每次都是对这样一个整体框架的调用，因此本例中“儿子考试结果”是可及度最高的语境框架，作为整体被调用，通过对该语境框架的调用与话语“怎么样”结合，在优选生成机制中生成完整的话语显义“儿子考试结果怎么样”，作为第一个认知效果候选项提交给评估机制以进行检验。其中生成机制内对该语境框架的调用过程，即从一组有序制约条件组成的类似评估机制的机制中得出的过程，如下表所示：

表 5.2

	MAX-Acces. CA	ACCORD-ER	High-Degr. Mm. CA	High-Stren. CA
☞［儿子考试结果］				
［他人考试结果］ ［外面天气情况］ ［父亲身体状况］ … …	*！			

表中最上面一行是按照等级高低从左到右排列的制约条件，最左边一列为候选项，当某候选项违反某制约条件时，在二者交叉的一格中用“ * ”标出，当对制约条件的某次违反高出比其它违反均严重时，造成此次违反的候选项被淘汰，在表示这次违反的“ * ”旁用“!”标出，被淘汰选项是否违反其它等级较低的制约条件已无关紧要，因此其它制约条件下方的空格用阴影覆盖，被评估机制检验通过的优选项左方用☞标出。在该例中，“儿子考试结果”这一语境框架是唯一满足最高制约条件的候选项，该候选项是最优选项，对其它次级制约条件的满足与否已无关紧要，因此在优选项一行中未作“ * ”标记并非表明该候选项一定满足所有制约条件，而是说明在实际推理过程中遵循经济省力原则，不需要再考虑这些条件的检验。对于其它可能的候选项如“他人考试情况”等，由于它们均违反了最高制约条件，在此例中只能被淘汰，因此也无需考虑它们分别对其它制约条件的违反。

然而，上例只是语境假设调用中最简单的一例，下面来看最高制约条件被违反的情况，如上文所述，对最高制约条件的违反具有程度之分，当最优选项被淘汰后，对次级优选项的产出也必须是对 MAX-Acces. CA 违反程度尽可能小的选项，在 4.3.3.2 节我们讨论过忠实性条件 MAX-Acces. CA 与标记性条件 ACCORD-ER 并非完全独立，关联期待会引发认知语境内显映度的调整，从而间接影响语境可及度，因此二者间有一定的互动关系，即对次级制约条件的违反与对最高制约条件的违反程度存在一定的联动关系，但关联期待不是语境可及度的必然决定因素，同样在对语境可及度的分析中，我们指出释话人自身的某些因素也会对其产生影响：

例 5.11 （A、B 是要好的朋友，B 刚失恋，A 想陪 B 出去散心）

A：好久没疯玩了，我们去 Paulaner Brauhaus 吧。(同例 4.23)

话语解读前 B 仅具有最宽泛的一类关联期待，即对“A 有交际意图”有期待，由于期待方向、具体内容不确定，该期待对语境可及度的影响不大，B 对语境假设的首次调用完全由自身的认知语境决定。对 B 最突显的语境假设是“这是个德语词汇”，进而激活“她与刚分手的男友就是在德语培训课上认识并相恋的”，对该语境的调用过程如表 5.2，此处不再赘述，然而该语境调用与话语结合生成的认知效果候选项在通过评估机制时遇到问题被淘汰（参见下文），由此需要再次进行假设调用，表 5.3 将该过程表示如下：

表 5.3

	MAX-Acces. CA	ACCORD-ER	High-Degr. Mm. CA	High-Stren. CA
☞［Brauhaus 与德语课上认识的前男友］				
☞［Brauhaus 与德国酒吧、有名黑啤］	*			
［Brauhaus 与石库门］	*	*！		
［A 今天穿得很时髦］ ［今天第一百货打折］ … …	* *！			

其中第一行仍为按序排列的制约条件，第二行是对第一优选项的检验，此处不再分析，其余行表示第一优选项经过评估机制检验被取消后，再次进行优选的过程①，由于该例中关联期待较为宽泛，所起逆证作用不大，对语境可及度的影响自然也不大。在语境调用最优选项与话语结合生成的认知效果候选项未能（完全）通过评估机制检验的情况下，次等可及的语境假设还是受释话人自身因素影响调用的可及语境假设，设对某释话人而言，第三与第四行中的候选项对最高制约条件的违反程度同时仅次于最优选项，即它们对最高制约条件是同时且同程度的违反，此时该制约条件不是在这两则候选项中起淘汰作用的决定因素，在对其违反的“*”旁不再以“！”标识，转而由次级限制条件 ACCORD-ER 来完成对二候选项之一的淘汰。第三行中的候选项除了违反最高制约条件，对其它次级条件均符合，而第四行中的“Brauhaus 具有老上海的石库门建筑风格”却违反了次级制约条件，沿该方向无法通过与话语结合生成认知效果（参见 4.2.2.2 对认知效果产生方式的讨论），自然也就无关联可言，对 ACCORD-ER 的违反是决定第四行候选项被淘汰的关键，因此“！”被标识在该条件一栏下，第三行候选项的胜出可从深灰色覆盖区域推理得出。此外，还有候选项可能出现第五行表述的情况，即不但违反了最高限制条件，而且它对最高限制条件的违反程度高于上两行中的候选项，用两个“*”表示，

① 推理过程中生成机制与评估机制的交互运作方式将在下文阐述，此处我们仅关注生成机制对评估机制内输入候选项的依次产出。最左边的☞符号指示第一优选项，向右缩进一格☞的符号标识在第一优选项不能或不能完全通过评估机制检验的情况下，生成机制二次生成的优选项，称为次级优选项。

此时对该限制条件违反程度的高低是决定淘汰的关键，因此在“＊＊”后加“!”，至于后面的制约条件违反情况已不重要，所以用浅灰色区域覆盖。

上例分析了由对 ACCORD-ER 的违反造成候选项的淘汰，然而对关联优选模式生成机制中语境假设调用的评估机制的探讨仍不完整，等级更低的制约条件也可能在该评估机制中起决定性作用：

例 5.12　脑筋急转弯：两个人同时掉进一口枯井里，一个人死了，一个人还活着，死了的人叫死人，活着的叫什么？

该话语最可及的假设调用为“说话人意图考察二元对立机制”，得出“叫活人”的答语，然而这种解读方案作为由关联优选模式生成机制生成的最优候选项输送到评估机制后，由于与强语境假设“脑筋急转弯不会以最省力的解读方式解读话语”矛盾，不能通过检验，致使话语解读返回至生成机制中进行第二次生成。

表 5.4

	MAX-Acces. CA	ACCORD-ER	High-Degr. Mm. CA	High-Stren. CA
☞［二元对立—活人］				
☞［“叫”歧解—救命］	＊		＊	
［“叫”歧解—天啊，我还没娶老婆］	＊		＊	＊!

表 5.4 分析的是此例解读过程中生成机制对语境假设的优选评估过程，结合最可及语境假设得出的解读未能通过关联优选推理模式的评估机制，再次的假设调用必然违反最高制约条件，此时由于在推理方向上并无具体的关联期待指引，解读过程的逆证性不强，只是知道需要找到不同于“二元对立”的另一重话语解读。在次等可及的语境假设调用上，对“叫”一词另一种意义的解读——“喊”、“呼叫”满足限制条件 ACCORD-ER 的要求，而其它违反该次级制约条件的假设均被淘汰。然而在该例中释话人兼答话人要给出符合这种解读的答语，又可以调用多则语境假设，上述表格中仅列举了两种情况（表中第三、第四行），当这两则假设在答话人认知语境中的可及度相当时，满足 ACCORD-ER 的候选项有两项，且它们对最高制约条件的违反程度相同，此时较为低级的制约条件就对候选项淘汰与否起到了决定作用，由于这两种语境假

设都是答话人针对说话人提供的情景信息自发设想出来的假设，完全不具有与说话人的互显性，由此对制约条件 High-Degr. Mm. CA 的违反程度亦相同，此时最低级制约条件 High-Stren. CA 便成了决定生成机制中次优级候选项输出的关键因素，因此“！”标在对该条件一栏的违反下，由于在遇到生命危险的情况下，呼救的概率比感慨叹息的概率高得多，前者的假设强度高于后者，因此前者胜出。

到此为止，对语境假设调用过程中评估机制内可能出现的情况的介绍已基本结束，对关联优选模式生成机制内部问题的探讨随之也已基本清楚，生成机制对认知效果候选项的有序提供以对语境假设的依次调用为保证，而对语境假设的调用又有其自身的评估机制，由四条按等级排序的制约条件对候选项进行优选，实际话语解读过程中该评估机制可能需要反复使用，当第一次语境调用，即最优假设候选项与话语结合生成的认知效果候选项不能通过关联优选推理模式的评估机制时，生成机制内会对语境假设进行重新调用，选出比上次调用优选程度低一等的语境假设（即次级优选项）参与认知效果候选项的建构，这种假设调用的过程具有递归性，直至生成的认知效果候选项足以通过关联优选模式评估机制的检验，生成机制内的假设调用宣布停止。

在上述例证说明的基础上，我们再用点篇幅来具体说明关联优选模式对优选论的使用与正统优选论的一个关键不同点，后者对语言现象的解释具有宏观全局性，所有候选项一次性产出、一次性评估，然而前者是对在线推理微观推进式的描述，候选项有序产出，依次通过制约条件序列检验，对由此方式得出的优选项，较正统优选论的情况，添加了对人作为经济动物的省力因素的考虑：按照优选论“最低限度违反（或最大限度满足）制约条件等级体系的候选项便是评估机制最终选择的输出项”的规定，满足的制约条件等级越高越有可能成为优选项，因此对依次进入评估机制的候选项的检验始于最高制约条件，并按照制约等级由高到低顺序进行，由此保证以最省力的方式产出优选项。上述关联优选推理模式生成机制对语境假设的调用中，候选项依语境可及度高低输入假设调用评估机制这一做法便是为了确保依次进入的候选项对最高制约条件的最低限度的违反，进而确保优选项产出的经济性。优选模式评估机制中用于评估认知效果候选项的制约条件序列也同样受到对省力因素考虑的影响，对输入候选项的检验从最高等级条件开始。

5.3.3 关联优选推理模式中评估机制的运作

关联优选模式中生成机制提供认知效果候选项，有序进入评估机制，正如上文介绍，由于对一则话语的解读可能是在性质、方向、认知层面等方面各不相同的认知效果集合，因此不同于常规的优选评估机制，关联优选推理模式的评估机制对效果候选项的检验不能仅允许一个候选项胜出，也不能仅起到对候选项有效性的检验作用，同时还要对优选项输出的足够与否，乃至对生成机制内候选项的产出足够与否负责，即评估机制还要起到终结生成机制及其自身内部的按序输出的作用。根据对话语解读描述的需要，我们将优选评估机制内的限制条件分为三类：负责决定候选项淘汰与否的绝对制约条件、负责辨别优选候选项性质的相对制约条件和负责决定认知效果输出足够与否的一类动态制约条件，这三类制约条件各司其职，又共同决定认知效果的最终输出、话语的最终解读，前两类条件是与关联期待无关的（ER-free）、稳定性较高的制约条件，后一类因涉及具有动态性的关联期待概念，因此较为复杂，需单独讨论。

5.3.3.1 评估机制内静态制约条件的运作方式

关联优选生成机制产出的认知效果候选项是否是话语意义，需要由评估机制来检验，评估机制内制约条件可大体分为静态、动态两类，前者关注每一则认知效果候选项自身，而后者主要关注认知效果候选项累积作为整体对话语解读的满足与否，本节我们先讨论评估机制对单独每一条认知效果候选项的资格验证，只有在此基础上才能展开下文对认知效果整体叠加的讨论。对该问题的讨论基于优选推理模式之关联前提建构中关于“认知效果复杂性及其对推理性质的影响”的分析。评估机制内用于认知效果验证的静态制约条件按等级序列的讨论有如下排列：

假设强度（* Stren. CE = 0），与其它假设的关系（* CONTRA. Str-er. CA）> > 释话人需求（CE-I'E）> > 说话人意图（CE-MM）

* Stren. CE = 0：认知效果的假设强度不能为零

* CONTRA. Str-er. CA：认知效果不能与比其更强的已有语境假设矛盾

CE-I'E：认知效果是释话人期待得出的效果（之一）

CE-MM：认知效果由互显语境假设结合话语生成

5.3.3.1.1 静态制约条件序列对认知效果候选项的检验

5.1.2.2.2 节曾讨论过话语解读可能得出的认知效果有三类：说话人意

图、满足释话人需求的足够认知效果及调用语境可及度高的假设耗费较少努力得出的解读，评估机制中的静态制约条件作为对每个认知效果候选项个体的检验，旨在确定各输出候选项是否可以作为话语解读的一部分被保留，并确定每一则通过检验的认知效果的性质。对这些制约条件有两点需要说明：一是音系学中对优选论的应用是在众多候选项中输出最和谐的一个，即对制约条件违反最小的一个，这种比较得出的相对概念使每个条件本身不存在绝对性，原则上任何条件，甚至是等级最高的条件，都可以被违反，然而在容许多个候选项胜出的情况下，对绝对条件与相对条件的区分就成为了必须，前者单方决定候选项的淘汰与否，二者结合又共同决定所得认知效果的性质、原型性等；二是在确定输出候选项被淘汰与否的同时，加上对胜出候选项性质的判定，是对话语解读描述的需要。下面将以例证说明上述情况：

仍以例 5.11 为例，上文分析了该例中认知效果候选项的生成过程，现在我们对生成机制输入的候选项通过评估机制中静态制约条件等级验证的过程加以描述：

表 5.5

	* Stren. CE = 0	* CONTRA. Str-er. CA	CE-I'E	CE-MM
☞ [她的话语使我想起与前男友的往事，更伤心]			*	*
☞ [她想陪我喝酒散心]				
[她故意提到德国酒吧让我伤心]		*!		

绝对制约条件决定候选项的淘汰与否，属于高等级条件，必然位于表格靠左边的位置，由于“绝对”一词的限制，要求对此类制约条件中任何一条的违反都会造成候选项的被淘汰，因此这类条件相互间不存在等级排序，同时作为最高级条件，如果说传统优选论中制约条件对候选项的制约作用在（0，1）区间内浮动（即 $0 < r < 1$），那么此处的绝对限制条件就是制约作用最大（即 $r = 1$）的情况，表格中左起的两条制约条件就是此类条件，中间用虚线隔开，表明二者间的无序性，其后用粗线与其它条件隔开，表明“绝对”条件的特殊性，凡是不违反绝对限制条件的候选项，其前方均以☞标识，表明该候选项未被淘汰。相对制约条件列均用灰色覆盖，说明它们对候选项的淘汰与否不起制约作用。表中描述了三个认知效果候选项被检验的情况，其中对粗线前任何

条件的违反都会用“!”标出，直接被淘汰，最后一行中的候选项，虽然生成机制有可能产出该候选项，但这与释话人认知语境中已有的语境假设“说话人不知道她与前男友在德语课上的认识经历”矛盾，且已有假设强度高于候选项的强度（对假设强度的讨论详见4.3），这违反了绝对限制条件 * CONTRA. Str-er. CA，所以该候选项被淘汰，鉴于省力原则，被淘汰的候选项不需要进行相对制约条件的检验。而对于表5.5中第二、第三行的候选项由于未违反任何绝对制约条件，因此同为优选输出项，均是从例中话语解读出的认知效果，但关联优选模式评估机制中的静态制约条件对这两则认知效果候选项的检验并非至此结束，任何通过了绝对制约条件检验的优选项均必须继续接受相对制约条件的检验，由不同的违反情况反映出这些认知效果优选项性质上的不同（详见5.3.3.1.3），本例中第三行的候选项满足评估机制中所有静态制约条件，说明该认知效果既是说话人意图传达的信息又是释话人自身期待得到的信息，它是较典型的一类认知效果，而第二行的候选项虽通过评估机制的检验，却违反了所有相对制约条件，反映的是调用语境可及度高的假设耗费较少努力得出的解读与说话人意图、释话人期待不重合的情况，是一类边缘化的认知效果，作为认知效果它确实影响了释话人原有认知语境，火上浇油地增强了她心理世界中“因情感问题而伤心”这一语境假设的强度，但它是话语意义却不是说话人意义，对“她与男友相识”这一语境框架的激活、对其可及度的提升，以及该认知效果候选项的生成都是意外过程，与期待无关。

本小节通过例证对关联优选模式评估机制中静态制约条件序列的整体运作方式做了简要介绍，了解了这一制约条件序列的宏观运作，下面将对绝对与相对制约条件分步进行详细说明，以呈现更为清晰的画面。

5.3.3.1.2 对绝对制约条件的作用及二则条件间互补性的说明

首先绝对限制条件中有且仅有 * Stren. CE = 0 与 * CONTRA. Str-er. CA 两个并列条件有两方面原因。一方面，虽然两则条件都是对候选项本身携带的信息正确与否的底线要求，对候选项与话语解读间的关系没有限定，看似不足以为某特定场合下特定话语形式选择恰当的语义输出，然而经过对生成机制运作机制做出适当调整，对其中的语境调用进行限制并在此基础上有序生成认知效果候选项，生成机制本身就对候选项的性质内容进行了一定限制，分担了评估机制的部分职责，对语境假设与释话人关联期待的关系、语境假设自身互显度及强度等的按序限制，使得向评估机制输送的认知效果候选项不会偏离对话语意义的解读，因此评估机制内的限制条件只需在此基础上确保认知效果自身的正确性即可。

另一方面，＊CONTRA. Str-er. CA 条件在一定程度上对认知效果优选项的假设强度做了限定，而绝对制约条件中却又列出另一条并列的、专门限制假设强度的条件＊Stren. CE =0，且该条件对假设强度仅做出底线不为零的限定，这使得该条件看似冗余，在评估过程中起不到任何作用，然而事实并非如此，生成机制对假设调用的限制上的缺陷使该条件成为必需。生成机制虽然取消了评估机制对输出项是否偏离话语解读的检验职责，却并没有减轻评估机制对输出项是否为过分解读的检验责任，如：

例 5. 13　David：How long are you gonna be in Philadelphia?
　　　　　Kelly：（hesitating）Sorry，I'm married. （同例 4. 24）

在对凯莉话语解读过程中，对可及度最高的假设调用不能满足话语解读要求，因此生成机制中对语境假设调用项的次级优选，在对最高制约条件 MAX-Access. CA 违反程度相当的情况下，首要以满足次级制约条件 ACCORD-ER 为标准。在 4. 3. 3. 1. 2 节中谈到过，关联期待会引发对认知语境中没有的新语境假设的建构及调用，也就是说为满足 ACCORD-ER 条件，释话人要建构原认知语境中没有的假设调用候选项，如该例大卫对“凯莉认为我对她有意”这一语境调用候选项的构建，由于对 ACCORD-ER 的满足高于对假设互显度、强度等条件的满足，因此容许满足 ACCORD-ER 的新建假设作为调用候选项。这种做法可能引发话语解读的肆意泛滥，如在此例中大卫甚至可以建构类似“＊结婚了就是要在费城呆五天”这种离奇怪异的假设，只要他的认知语境无法提供既满足 ACCORD-ER 制约条件，又比该假设互显度、强度更高的候选项，这种离奇的候选项就有可能胜出。因此评估机制内必须配备绝对制约条件，以淘汰由这种语境调用生成的肆意过度的认知效果候选项，由“＊结婚了就是要在费城呆五天”与话语结合产出的认知效果候选项“凯莉要在费城呆五天”不与任何已有语境假设矛盾。也就是说＊CONTRA. Str-er. CA 无法淘汰该候选项，这就是＊Stren. CE =0 存在的理据：根据关联理论，隐含类认知效果的强度不高于其推理前提中强度最低的一个，由此对认知效果强度的认定又追溯到了所调用语境假设的强度，释话人认知语境中本不存在强度为零的假设，但为满足关联期待的要求而新建构的语境假设强度却可能为零，当所调用的假设强度为零时，由其产出的认知效果候选项亦为零，这种对话语的肆意解读需要由评估机制中 * Stren. CE = 0 绝对制约条件来淘汰。

评估机制中 * Stren. CE = 0 条件通过对认知效果强度的限制，间接弥补了生成机制中关于语境调用的弱制约条件 High-Stren. CA 无法进行底线限制的不足，有效避免了肆意解读的输出，印证了 4.1.4.2 节讨论过的话语解读终止于关联期待未满足的情况，即当生成机制无法调用强度大于零的语境假设、生成满足关联期待的认知效果候选项时，即使让推理终止于解读失败，也不能对话语进行随意解读，产出强度为零的认知效果。

5.3.3.1.3　对相对条件存在的必要性及其等级意义的说明

绝对限制条件的满足便能确保候选项的输出，然而认知效果性质各异，且对每则效果性质的定位也是推理的必须，准确定位与否会影响到释话人对整轮交际的认识，错误的定位很可能引发误解的产生，如：

例 5.14　（甲来到新单位后所有同事对她都很冷淡，正在郁闷发愁）
同事乙：你得先把别人当根葱，别人才会把你当碟菜！

该话语由于使用了将人比作“葱”与“菜”的降级比喻，使心思敏感的甲在解读话语义时产出了某种不愉快的认知效果，即话语携带的不礼貌义，对此认知效果性质的定位能从评估机制的运作中反映出来，当将其定义为符合佳联假设的解读时，即该认知效果体现说话人意义，此时对应的候选项为“话语传达乙对自己的不擅交往的鄙视与嘲笑”，当将其定性为释话人自身对话语的解读结果时，对应候选项为“乙言语表达习惯意外传达了非其本意的不礼貌”，如表 5.6 所示：

表 5.6

	* Stren. CE = 0	* CONTRA. Str-er. CA	CE-I'E	CE-MM
[乙对自己的鄙视与嘲笑]		* !		
☞ [乙言语习惯意外传达不礼貌]			*	*

前者由于与比其强度高的语境假设“乙是一位刀子嘴、豆腐心的人，表面对人严厉，内心却既善良又热情”矛盾，违反了绝对制约条件 * CONTRA. Str-er. CA，因此被淘汰；后者虽提供的是较不典型的认知效果候选项，却因满足绝对条件而作为优选项产出。从该例可以看出，对认知效果的准确定

性、对优选项的正确输出可以避免误解的发生，有效防止交际双方间可能出现的紧张状况，因此这也是话语解读不可缺少的一部分，它影响甚至决定交际达到的效果，因此关联优选模式的评估机制必须对此做出评判。

虽然相对制约条件不负责候选项的淘汰，却仍有等级之分，该排序反映的是认知效果的典型性程度，说话人意义始终是释话人话语解读的目的之一，因此符合 CE-MM 的候选项必然符合 CE-I'E，不存在满足 CE-MM 的同时违反 CE-I'E 的候选项；然而反之则有可能，话语可以传达非说话人意义的意义，甚至可以传达既非说话人意义也非释话人期待的意义，评估机制中静态制约条件的等级正符合了各制约条件违反容许度由小到大的排序，如下表所示：

表 5.7　静态制约条件的违反对认知效果候选项性质的反映

	* Stren. CE = 0， * CONTRA. Str-er. CA	CE-I'E	CE-MM
说话人意义（SM）			
非 SM 的释话人期待认知效果			*
非预期、非必须的认知效果		*	*
非话语意义	* !		

满足所有条件的情况体现的是典型认知效果，包括显义及语境隐含两种，是任何话语解读的必须项；对 CE-MM 的违反是较不典型认知效果，它是非隐含类语境含义的一种，反映的是释话人话语解读目的偏离说话人意图的情况，虽然不是任何话语解读都会出现这种偏离，但一旦偏离存在，对这种认知效果的产出也是话语解读必须项；对 CE-MM 与 CE-I'E 的同时违反对应的是边缘化的认知效果，它也是非隐含类语境含义的一种，却不是释话人有意要得出的，作为意外认知效果，它不是话语解读的必须项，受释话人认知语境中可及度因素影响，是可有可无的附加项；无论怎样，上述候选项均可作为优选项胜出，然而对绝对限制条件的违反是不被容许的，对此类限制的违反会导致候选项成为非话语意义，遭到淘汰。

需说明的一点是，我们上文已经讨论过，语境隐含与非隐含类语境含义之间并没有绝对界限，它们是边界模糊的原型范畴，在某些情况下很难做出明确的定性，如对例 3.4 中国联通的电视广告词中“对中国移动品牌产品的贬低”

这一认知效果，在通过评估机制中静态制约条件检验时会有如下情况：

表 5.8

	* Stren. CE =0	* CONTRA. Str-er. CA	CE-I'E	CE-MM
☞［CDMA 好过中国移动所有品牌］			?	?

该认知效果符合绝对限制条件，会作为优选项输出，但在接受相对限制条件检验的过程中遇到麻烦，生成该认知效果所需的语境假设——由“全球飞的您”、“动感的您”、“走遍神州的您”对联通竞争对手（即中国移动）旗下的三种知名业务“全球通”、“动感地带”与“神州行”的激活，在多大程度上对交际双方互显，确切的说，释话人在多大程度上明确“说话人知道我会激活该假设”，这些很难判断，因此由这则语境假设引发的认知效果对 CE-I'E 及 CE-MM 的违反程度都不确定，表中用“?”代替“*”表示，体现了该认知效果性质的模糊性，也反映了语境隐含与非隐含类语境含义二范畴间的边界模糊性。

5.3.3.2　评估机制内动态制约条件的运作方式

静态制约条件负责对每个认知效果候选项的单独检验，而动态制约条件在关联优选推理模式中主要起到两方面作用：在评估机制内部它为优选项输出的足够与否做出评估，同时它也为生成机制与评估机制间的互动负责，把输出候选项通过评估机制时遭遇的不同情况反映在其自身的动态变化上，并由此反馈回生成机制，进而影响生成机制中下一步语境调用。关联优选推理模式宏观框架图中可以清晰反映动态制约条件的第一种作用，但对第二种作用则标识得不十分明显，下面就来具体讨论这些问题。

5.3.3.2.1　动态制约条件对认知效果候选项的检验

评估机制中的动态制约条件就是“话语解读终止于对关联期待的满足（SAT-ER）”，从上文宏观框架图可看出接受该条件检验的是通过评估期内静态制约条件检验后的候选项，即可以作为认知效果输出的优选项，SAT-ER 不起淘汰选项的作用，而是决定候选项的生成及检验能否终止，话语解读能否结束。

根据上文所做的研究，原初关联期待（Orig. ER）包括两大类四小类内容，两大类为释话人从己方出发对话语提供自己期待得到的信息的期待和从对说话人意图解读的角度出发的关联期待。而后者又可具体分为三小类：对第一个生成的认知效果候选项即说话人意义的期待，对每则认知效果的解读努力都不会超常的期待，对每则认知效果都是说话人在该方向上能够且愿意提供的最大信息的期待。

其中第一大类期待具有不确定性，释话人在解读初期期待得到的信息可能与说话人意愿提供的信息有偏差，因此该期待会发生降级、增生等各类调整（参见 4.1）；从对说话人意图的解读出发的三小类期待都是明确的，没有具体程度之分，不会出现类似上文的降级情况，只可能增生或取消，对第一个生成的认知效果候选项即说话人意义的期待具有绝对可取消性，而后两类期待则具有相对可取消性，即前者因针对对象固定，所以取消是一次性的，在整个评估过程中最多只可能被违反一次，而后二者的取消可以针对多个候选项，因此在对一则话语解读的评估过程中可有多次违反，由违反引发的期待取消仅针对某特定候选项而言，故而具有相对性，但这三类期待具有共同点，即它们的取消或违反都会造成其它方向上期待的增生。

各类优选项均会经过释话人从己方出发的期待的检验，然而仅有第一个认知效果候选项才有可能接受第二大类第一小类的检验，此外，另外的两小类期待都是对已确定为说话人意义的认知效果的期待，因此只有不违反静态 CE-MM 制约条件的优选项才会接受这两类期待的检验。概言之，经过静态制约条件检验的认知效果优选项会有针对性地接受 SAT-ER 中各具体期待的检验，这些 SAT-ER 内部的各类检验没有等级顺序，地位平等，任何违反都同样的导致关联期待的调整与对其再次满足的尝试。

5.3.3.2.2　动态制约条件的动态性体现

优选推理模式之关联前提建构中探讨过关联期待动态性，正是它造成了制约条件 SAT-ER 的动态性，此处我们为关联期待的变化过程概括出一个制约条件等级序列，由此序列产出期待的增生或降级等，也即由此制约条件等级反映评估机制内动态制约条件自身的变化：

期待降级（＊CONTRA. ValidCE）＞＞期待保持（＊SUSP-Orig. ER_H）＞＞期待增生（REFL-Eval. P）＞＞期待不变（PRES-Orig. ER）

＊CONTRA. ValidCE：关联期待的保持不能与有效的认知效果相矛盾

＊SUSP-Orig. ER_H：释话人己方出发的原初关联期待不能被吊销

REFL-Eval. P：候选项在评估机制内遭遇的问题在关联期待上要有所反映

PRES-Orig. ER：关联期待保持原初状态，不作任何改变

“关联期待的保持不与有效的认知效果相悖”表明当已得出认知效果优选项提供的信息与原初期待相矛盾时，关联期待不能强行保持原样，而必须被调整，包括降级或取消等。

“释话人己方的原初关联期待不能被吊销”是准忠实性制约条件，说其具有忠实性是因为它要求不能为关联期待降级，忠实性前加“准”字是因为该制约条件要求期待不被吊销，但并不反对在原期待基础上的增生，只要原期待本来的内容未被取消即可。

“候选项在评估机制内遭遇的问题在关联期待上要有所反映”主要指当候选项未满足评估机制中的关联期待制约条件时，引发对期待的重新考虑，前文已介绍了原初关联期待以两大类四小类的形式存在，对第一大类期待来讲，当某认知效果候选项经过静态制约条件检验，作为优选项胜出，却不足以提供满足释话人己方期待的信息时，一方面会引发期待增生，总结解读“失败”的原因，另一方面，由对该增生期待的满足情况来判断原初期待被保持还是吊销降级（参见4.1节对诱发关联期待调整的影响因素的阐述）；对“第一个生成的认知效果候选项即说话人意义”的违反发生在生成机制产出的第一个认知效果候选项无法通过绝对制约条件的检验（最省力的解读无效）或通过了绝对条件检验却违反了相对条件中对假设调用互显度的要求（最省力的解读不是说话人意图）的情况下，这种违反也会引发期待增生，按说话人意义的言语建构与解读方案的要求寻找这种违反的原因；当符合CE-MM条件的某优选项在接受此外两类关于说话人意图的关联期待检验时，任何一类违反都会造成期待增生，引发对说话人能力、喜好及其它可能原因的寻找（参见5.1.2.1.3中对说话人意义言语建构与解读的上限要求）。

“关联期待保持原初状态，不作任何改变”是最忠实的制约条件，在认知效果候选项顺利通过评估机制中静、动态制约条件检验时，关联期待不发生任何改变。

先前讨论的都是制约条件如何对候选项的产出作限制，而此处对制约条件自身动态性的探讨却反其道而行之，揭示认知效果候选项对制约条件的影响，列表表示如下：

表 5.9　认知效果候选项对动态制约条件——关联期待的影响方式

	* CONTRA. ValidCE	* SUSP-Orig. ER_H	REFL-Eval. P	PRES-Orig. ER
Orig. ER				
Orig. ER +/→				*
Orig. ER_H&(Orig. ER_S +/→)			*?	*
Orig. ER_H ↓ &(Orig. ER_S +/→)		*		*

该表与常规优选论的图表存在一定差别，与表 5.7 同样，此表也不用于检验输出候选项对制约条件等级序列违反的情况、进而决定候选项的优胜与否，因此本表格也有意避免了传统的实线框，采用虚框以示区别。不同于表 5.7 的是，后者意在描述不同违反情况对输入项性质的影响，而此表则以 Orig. ER 为输入项，旨在通过制约条件等级序列指导对输出项（Orig. ER 的动态调整）进行生成。四个制约条件均是为了描写关联期待的变化而设，但只有两条忠实性条件针对期待本身，标记性条件 * CONTRA. ValidCE 与 REFL-Eval. P 指向候选认知效果、反映它们对动态制约条件的影响，且这两个条件的等级分别高于两个忠实性条件，因此关联期待的变化实际上是认知效果候选项接受 SAT-ER 这一制约条件的检验，检验结果又反映在引发关联期待自身动态变化的标记性制约条件上，从而导致对初始关联期待重新定位的过程。

当认知效果候选项直接满足 Orig. ER 时，不会激活对其动态性检验的任何标记性制约条件，忠实性条件不需被违反，原初期待不变，话语解读成功结束（如例 5.10 父母关于儿子考试结果的对话）。

当认知效果候选项接受 SAT-ER 检验时遭遇问题，标记性条件 REFL-Eval. P 被激活时，与其矛盾的忠实性条件 PRES-Orig. ER 因等级较低需被违反，初始期待在调整（Orig. ER →）的同时接受上文讨论的各类增生（Orig. ER +），如：

例 5.15　（两名素来不和的学者见面，其中一位说了如下的话）

A：Congratulations！Your work has become very popular.

结合最可及的语境假设生成的第一个认知效果候选项应该为“说话人祝贺我的书大受欢迎”，然而该候选项在通过评估机制中静态制约条件检验时，因与更强的语境假设“说话人向来对我有敌意，不可能祝贺我”矛盾，只能被取消，生成机制重新进行语境调用，激活 popular 一词可及度较低的语义，再次生成候选项“说话人评论我的书过于通俗，学术性不够”，该候选项通过静态制约条件检验，成为优选项。然而在通过 SAT-ER 检验时，一方面原有期待中“第一个生成的认知效果候选项即说话人意义”的期待被违反，另一方面由于第一个认知效果候选项不是话语解读，该认知效果是再次生成的结果，“每则认知效果的解读努力都不会超常”的期待也被违反，对上述两类期待的违反使 REFL-Eval. P 被激活，引发了对期待违反原因的寻找，成为新增期待，当生成机制产出的第三个认知效果候选项“说话人刻意让我先误解为褒义，再得出真正的贬义，以此戏弄嘲笑我”通过静态检验，成为优选项后，一方面其自身通过关联期待的检验，另一方面它与已有优选项结合，共同满足当前调整状态下的各类期待，话语解读在该优选项产出后得以终止。需要注意的是上述例子描述的是说话人意义角度的期待增生（Orig. ER_S +），而 Orig. ER + 还包含释话人自身角度出发的期待增生 Orig. ER_H +，话语解读的初始期待可能较宽泛，随显义及其它认知效果候选项依次通过静态制约条件检验、以优选项身份进入动态制约条件检验区，满足初始期待的同时还使宽泛的期待逐渐具体起来。

对标记性条件 REFL-Eval. P 的违反反映在关联期待的动态变化上，对说话人意义解读类期待的违反可以引发期待增生、取消，因为对说话人意义期待的调整与增生，不存在与更高级制约条件的对立；但对释话人己方出发的期待的违反却不能直接引发对其的降级，因为释话人关于话语意义的初始期待受到更高一级准忠实性条件 * SUSP-Orig. ER_H 的限制。此时的期待调整状况为：在保证释话人对话语意义的原有期待（Orig. ER_H）不变情况下，在标记性条件 REFL-Eval. P 的影响下，允许对说话人意义期待（Orig. ER_S +/→）的增生。对 Orig. ER_H 的保持体现对 REFL-Eval. P 条件的违反，Orig. ER_S +/→调整则是对它的遵守，因此在这种情况下 REFL-Eval. P 条件是不完全违反，其对应列中用“ * ?”① 表示。这种 * SUSP-Orig. ER_H 高于 REFL-Eval. P 的限制条件排序一方面可以避免关联期待的随意泛化，评估机制不会因为显义优选项不能满足

① 此处的“ * ?”不同于上文出现过的“?”，后者表示对制约条件违反与否的不确定性，而前者表示同时存在对该制约条件的违反与遵守。

Orig. ER_H，便对其进行降级，在没有充足理由（如“现有期待与已知信息矛盾”等）的情况下，必须通过对隐义等的进一步推理来满足原有期待；另一方面也可以避免对话语的肆意解读，当生成机制无法生成满足当前期待的认知效果候选项时，整个优选过程以牺牲话语解读来保全 Orig. ER_H，4. 1. 4. 2. 3 对关联期待确认时放弃推理努力的情况的讨论就与此相关，例 4. 7 中 Jack 对物理学家 Cater 对其关于安全性问题的回答仅能做出显义解读，而该解读不能通过释话人从己方出发的关联期待（即安全与否的回答）的检验，此时不对期待进行降级或偏离类调整就无法继续对话语的解读，然而准忠实性条件 * SUSP-Orig. ER_H 不允许这样的做法，因此推理在保持原期待不变的情况下被迫终止于解读失败。

标记性制约条件 * CONTRA. ValidCE 是整个制约条件中等级最高的一个，也是最不能违反的一个，当优选项通过 REFL-Eval. P 时可能引发 Orig. ER_S +/→或 Orig. ER_H↓类期待调整，本来准忠实性条件 * SUSP-Orig. ER_H 可能阻止期待降级的发生，要求对 Orig. ER_H 的保持，但由于标记性条件 * CONTRA. ValidCE 限制等级高于上述忠实性条件，当对 Orig. ER_H 的保持与前者相悖时，忠实性条件让位于该标记性条件，对该期待的保持被取消，较低级标记性条件 REFL-Eval. P 对期待的调整全部有效，该条件对应列下不再有“ * ”标示，如：

例 5. 16　A：你打算什么时候结婚？
　　　　　B：我孩子都两个月大了。

此例中释话人自身对话语意义的期待与已有认知效果优选项发生矛盾，A 期待从 B 答语中得出关于她会在将来某具体时间结婚的信息，但 B 答语的显义优选项非但未对该问题作答，而且还引伸出与原期待矛盾的认知效果“有孩子说明已经结婚”，由于 * CONTRA. ValidCE 制约作用大于 * SUSP-Orig. ER_H，原具体期待便必须让位于 * CONTRA. ValidCE 所要求的期待降级（Orig. ER_H↓），被降级为话题相关类期待（参见 4. 1. 2）。

5. 3. 3. 2. 3　动态制约条件终止话语解读的方式

关联期待用以决定话语解读的结束与否，而解读结束不是以某单个认知效果优选项通过两大类四小类关联期待中与其相关内容的检验为标准。虽然从关联优选模式的宏观框架图来看，貌似解读终止于某认知效果对 SAT-ER 条件检验的通过，但正如上文所示，各优选项接受期待检验时可能会引发期待的调整，诱发期待的增生、某类期待的降级或取消等，因此实际上解读终止是因为当前通过检验的认知效果优选项与先前所有优选项叠加，共同满足了受已有优选项检验影响后、调整了的各类关联期待，即解读终止于对当前各类关联期待的全部满足。其中对关联期待“当前状态”的强调便是要突出由认知效果引发的期待调整，话语解读终止于对动态关联期待的满足。

5.3.4 生成机制与评估机制间的互动

在常规优选论操作机制中生成机制负责对所有逻辑上可能的候选项的一次性生成，评估机制负责对这些候选项的评估与输出，二者各司其职，互不干涉，且运作上一先一后，运行机制间无互动，然而在关联优选推理模式中由于生成候选项时对语境假设的选择性调用涉及关联期待因素，而在检验生成机制及评估机制的工作终止与否时也涉及对关联期待的考虑，二者间有一定的承袭性；更重要的是由于关联期待动态性的存在，生成机制以 ER_n 作为语境调用考虑因素，生成的认知效果候选项，通过评估机制检验时可能诱发期待的变化，使其调整为 ER_{n+1}，而该调整后期待又会返回生成机制，作为下一轮认知效果候选项生成过程中语境调用的影响因素，依此类推，关联优选模式的生成机制与评估机制间不但有承袭关系，更具有互动性，候选项在被评估过程中引发期待调整，期待调整又影响下一步候选项生成，这种互动使对关联优选推理模式的应用必须同时兼顾生成机制与评估机制的运作，以“生成—评估—生成—评估……”这种递归方式应用，而不能将二者分开，先讨论所有的“生成”，再考虑对所有生成项的“评估”。

以一例来说明如下：

例 5.17　（记者们追问某女影星与某男星间的绯闻关系）

记者：你和 XX 是真的恋爱吗？

女影星：在戏里当然是真的了。

用新格莱斯主义的方法来分析该女影星的答语过程：该女星与 XX 是否有暧昧关系可分为在影视剧内与剧外两种情况，说话人仅针对其中一种作答，按照数量原则对级阶含义的推导，当说话人提供的是同一语义场中语义较弱的信息时，说明较强的信息不成立或说话人不清楚其是否成立，因此套用在本例中，在不分剧内剧外的情况下暧昧关系不成立或至少是说话人不清楚其是否成立，由于说话人不可能不知道自己的隐私，因此后种可能不存在，解读结果为在戏外暧昧关系不存在。

然而上述分析并不符合该话语解读的语感，现在我们运用关联优选推理模式重新描述其解读过程：

第一回合：生成机制调用最可及的语境假设“对该女星与XX男星间恋爱关系的讨论”，充实出话语显义候选项“在该部戏中二人是恋爱关系”，该显义候选项顺利通过评估机制静态制约条件检验，却不能通过动态SAT-ER的检验，不满足释话人对“话语提供男女影星在现实生活中是否在谈恋爱的信息”的期待，由于显义优选项也不与该初始期待冲突，因此原期待被保留①；该显义是说话人意图传达的意义的一部分，因此不违反ERS中的第一类期待，却违反了第二类“对每个认知效果的解读努力都不超常”的期待，因为该显义优选项实际并未提供任何新信息，男女影星在一部爱情戏中分演男女主角，扮演相爱的恋人，这是众所周知的事情，释话人付出努力解读出的却是已知信息，由此引发期待增生，寻找说话人刻意令释话人费力的原因，即期待由Orig. ER调整为Orig. ERH&Orig. ER_S +/→。在这一回合中虽然显义候选项通过了评估机制中静态制约条件检验，但却未能满足动态制约条件，而且还导致了期待的调整，推理未能结束，还需继续进行。

第二回合：生成机制对认知效果候选项进行再次生成，其语境假设调用机制中涉及关联期待的限制条件ACCORD-ER随关联期待的变化而发生内容上的变动，增强了假设调用的目的性，由于MAX-Acces. CA已被违反，此步调用只能在对其违反程度最小的假设中选择满足ACCORD-ER条件的一个——“故意回答问题中大家已知道的部分内容是对大家未知部分的逃避”，生成认知效果候选项“说话人不愿回答该问题”后送入评估机制中接受静态制约条件的检验，通过优选后进一步接受动态条件评估，由于该优选项取消了满足Orig. ER_H（即对得出“说话人与XX暧昧关系有无”这一信息的期待）的前提，说话人无意图回答，自然无法从其话语中得出解读，为了满足最高制约条件＊CONTRA. ValidCE，关联期待的调整只得牺牲对SUSP-Orig. ER_H条件的遵守，Orig. ER_H被迫降级；此外由于释话人为得出“说话人不愿回答该问题”

① 由于说话人不会为释话人出于自身考虑对话语意义的期待负责，因此满足ERH过程中遭遇的努力耗费超出预期的问题属正常现象，不会引起对其原因的寻找，不会导致期待增生。

这一效果进行了两步推理，而说话人完全有能力建构令释话人一步得出该解读的答语，如“无可奉告”等，因此 ERS 中的第二类期待又被违反，增加对该解读费力原因的寻找，即当第二优选项通过评估机制检验后，推理仍未能终止，期待性质进一步调整为 Orig. $ER_H\downarrow$ &Orig. ER_S +/→①。

第三回合：生成机制再次对认知效果候选项进行生成，此时影响语境调用的制约条件 ACCORD-ER 中的关联期待是最近一步调整后的期待，该期待同样会使推理具有一定逆证性，使语境调用具有一定目的性，在协调对众条件的满足与违反后，调用假设生成的认知效果候选项为“说话人为避免正面拒绝回答问题造成的不礼貌，故意使用绕弯的说法”，该候选项通过评估机制内静态制约条件检验的同时，自身也不再造成期待增生，且与上述已有认知效果优选项结合满足了先前一步调整后的全部期待，对这个“表面回答了问题、实际什么也没有说”的答语的解读到此结束。

在上述例证分析基础上，我们把关联优选推理模式中生成与评估机制间的互动情况简要概括如下图 5.2。

生成机制（GEN_n）生成认知效果候选项，依次通过评估机制的静态制约条件等级序列（$EVAL_1$）与动态制约条件（$EVAL_2$）的检验，只要通过 $EVAL_1$ 的候选项都作为优选项，成为话语解读最终认知效果的一部分，优选项在通过 $EVAL_2$ 时对关联期待的影响反映在下一次认知效果候选项的生成机制（GEN_{n+1}）内，重复“生成—评估”的过程，话语解读终止于 $EVAL_2$ 被完全满足的一步，即图中的第 n 步。需要说明的是，图中描述了“生成—评估”过程经过 n 个回合后，话语解读终止的情况，但 n 不一定要大于 1，事实上它还可以等于 1，反映的是第一认知效果候选项即话语显义优选项，且该优选项直接满足 Orig. ER 的情况，即最简单的一类话语解读；图中各步得出的认知效果优选项由其生成的一步直接指向最终的认知效果，然而在关联优选模式的实际运作过程中，虽然它们都是话语最终解读的一部分，但并非在影响期待做出调整后，它们的使命就全部完成，可以直接进入认知效果一栏“休息”，事实上已有认知效果优选项还要与随后生成的优选项一起接受一次又一次的

① 符号仅用来描写关联期待的性质变化，无法描写具体内容层面上的变化，虽然此处仍具有 Orig. ER_S +/→类期待，但其具体内容与第一回合结束时的 Orig. ER_S +/→并不相同。第一回合中的期待增生引发对说话人刻意给出已知信息的原因的思考；而第二回合中的期待增生是在解读出满足第一回合增生期待的认知效果后，在其基础上引发的对说话人不直接提供上述认知效果的原因的期待。

$EVAL_2$ 检验，直至 $EVAL_2$ 被完全满足，然而由于作图的复杂性，认知效果优选项的这第二层使命未能在图中反映出来。

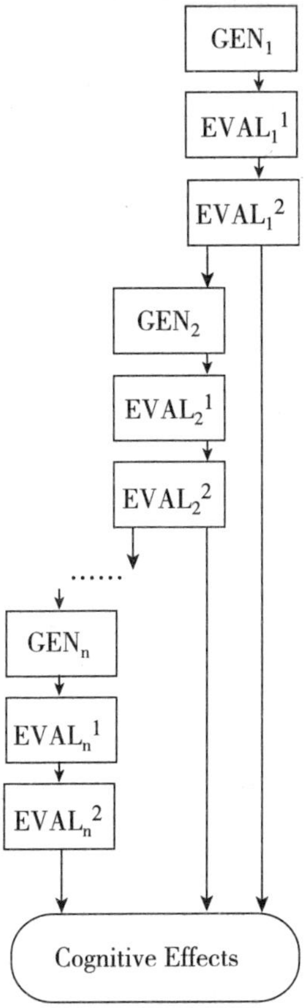

图 5.2　关联优选推理模式生成—评估机制互动图

5.3.5　关联优选推理模式的整体运作图

关联优选推理模式的整体运作详图创建如下图 5.3 所示，加下划线的 CA_{can} 表示推理开始的地方，关联优选推理模式生成机制中语境假设候选项通过负责调用的制约条件序列检验，输出语境假设调用优选项与话语内容结合，生成认知效果候选项，进入优选模式评估机制，首先接受静态制约条件序列中高级条件——绝对制约条件的检验，未能通过则返回生成机制重复一开始的过程，评估合格则成为认知效果优选项，继续接受相对制约条件序列对其性质的评估，评估结果随认知效果优选项本身进入评估机制的后半段——动态制约条件检验，输入优选项一方面接受释话人己方出发的关联期待的检验，另一方面依据在评估机制上半段的评估结果有选择性接受关于说话人意义的三小类期待的检验，检验结果协助关联期待动态性制约条件序列对关联期待是否需要调整予以评估，若需要调整（$E_2<1$），话语解读返回生成机制，以满足调整后期待为目标继续进行认知效果候选项的生成、评估等，若期待在不需调整的情况下被满足，即 $E_2=1$，则话语解读结束，解读结果为先前所有认知效果优选项的集合。

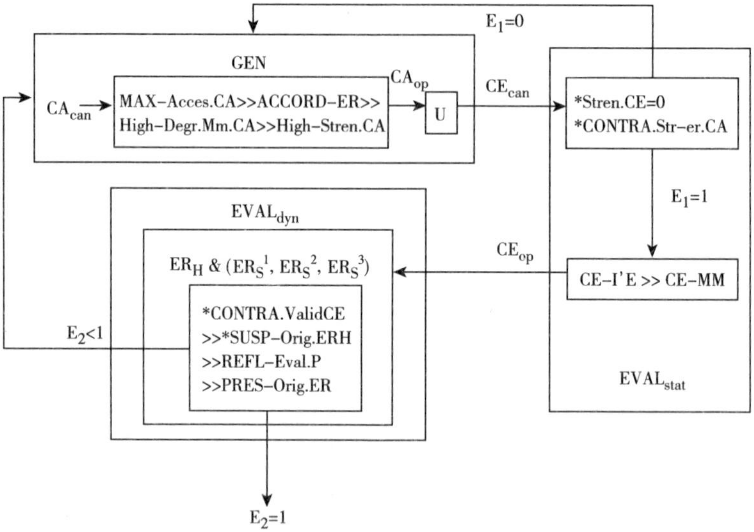

图 5.3　关联优选推理模式整体运作图

GEN：生成机制

$EVAL_{stat}$：静态评估机制

$EVAL_{dyn}$：动态评估机制

CA_{can}：语境假设调用候选项

CA_{op}：语境假设调用优选项

U：话语

CE_{can}：认知效果候选项

CE_{op}：认知效果优选项

E_1：评估机制中静态制约条件序列评估结果

E_2：评估机制中动态制约条件评估结果

ER_H：话语提供释话人从己方出发期待得到的信息

ER_S^1：生成机制初次提供的认知效果候选项承载说话人意义

ER_S^2：每则认知效果的解读努力都不会超常

ER_S^3：每则认知效果都是说话人在该方向上能够且愿意提供的最大信息

MAX-Acces. CA：释话人应调用认知语境中可及度最高的语境假设

ACCORD-ER：调用的语境假设能够、至少可能生成符合关联期待的解读

High-Degr. Mm. CA：释话人应调用认知语境中互显度较高的语境假设

High-Stren. CA：释话人应调用认知语境中强度较高的语境假设

* Stren. CE =0：认知效果的假设强度不能为零

* CONTRA. Str-er. CA：认知效果不能与比其更强的已有语境假设矛盾

CE-I'E：认知效果是释话人期待得出的效果（之一）

CE-MM：认知效果由互显语境假设结合话语生成

* CONTRA. ValidCE：关联期待的保持不能与有效的认知效果相矛盾

* SUSP-Orig. ERH：释话人己方出发的原初关联期待不能被吊销

REFL-Eval. P：候选项在评估机制内遭遇的问题在关联期待上要有所反映

PRES-Orig. ER：关联期待保持原初状态，不作任何改变

5.3.6 对关联优选推理模式的补充说明

关联话语解读之优选推理模式是对人类言语交际过程中语用推理运作机制的构拟，尽管推理是瞬时完成的，但在这瞬间内语用推理的运作并不简单，推理所经过的步骤（一次性全部生成？一次性全部生成——次性全部评估？还是生成—静态评估—动态评估—再生成—再……？）、对一则话语解读中多个认知效果得出的先后关系（例5.16得出的三重解读是同时产出？还有解读有先后顺序？又是怎样的顺序？）、对一则话语认知效果解读的终止处（例5.16是解读出“在戏中二人是恋爱关系”即终止推理？还是要进一步解读“说话人不愿回答关于她的绯闻的问题”？抑或要更进一步解读出“说话人为避免正面拒绝回答问题造成的不礼貌，故意使用绕弯的说法”？是否在解读出上述三个认知效果后推理还应继续进行，还应有后续认知效果得出？）等，这些都是推理运作机制需要描述、解释的内容，本研究对关联优选推理模式的建构就旨在完成这一任务，通过关联优选模式对人类语用推理机制进行构拟，在对该模式的全面介绍基本完成后，此处还有两点需要说明：

一方面，本模式之所以对经典优选论的研究方式做出多方面改动、适应在

线推理的需求，就是为了使此处建构的关联优选模式尽可能的具备心理现实性，模式中生成—静态评估—动态评估—再生成—再……的这种推理步骤较关联理论的原有观点是有些繁杂，但这并不能作为反驳该模式心理现实性的理据，推理的瞬时性与推理机制的复杂性并不排斥，正如人操控自身躯体活动的简单性并不与这些活动发生时人体内部神经元等实际运作的复杂性相矛盾，人脑的高度发达可以在瞬间指挥完成某身体部位的灵活运动，它也完全可能在瞬间完成话语解读的复杂推理步骤，因此对该模式的证真、证伪只有在条件允许的情况下通过认知心理学的实验，将认知效果在瞬间中的实际生成顺序等与本模式的描写、预期相对照，从而得出判断。

另一方面，关联优选推理模式虽然在客观性、可操作性上比原有关联推理更进一步，在对推理步骤、认知效果产出顺序、推理终止判定等的解释说明方面要明确得多，但并不能达到完全客观，事实上对语用推理完全客观形式化的这种要求本身就过于苛刻，因为语用推理的性质决定其不可能完全客观、语用推理的解不具唯一性，由此，对语用推理的描写自然也无法做到完全客观、对同一话语解读的推理描写也不具唯一性。

体现在本模式中，首先无论生成机制还是评估机制中的各制约条件均是受语境影响的（context-sensitive），因此对同一则话语的解读会随语境的不同而得出不同的认知效果，如：

例 5.18 Peter：Do you want some coffee?
Mary：Coffee would keep me awake.
（Sperber & Wilson，1995：34）

Peter 在接收答语前有对“Mary 给出喝或不喝的信息”的期待，由此为逆证推理打下基础，间接影响了其认知语境内部显映情况。当接收到答语后首先在最可及语境框架中充实得出话语显义，但该认知效果无法通过评估机制中释话人自身角度出发的对“答话人给出肯定或否定答案”这一最具体关联期待的检验，且在通过关联期待动态变化的制约条件序列检验时，该期待不会被取消，因此需要为满足该期待再次进行语境假设调用，生成认知效果候选项，此时对假设调用的评估过程如表 5.10 所示：

表 5.10

	MAX-Acces. CA	ACCORD-ER	High-Degr. Mm. CA	High-Stren. CA
?［玛丽想清醒］	*		*	?
?［玛丽害怕失眠］	*		*	?

显义解读未能通过关联优选推理模式的评估器，再次的假设调用必然违反最高制约条件，此时在逆证推理的作用下寻找可能与话语结合产出符合关联期待的认知效果的语境假设，即满足 ACCORD-ER 的候选项，然而在该例中满足 ACCORD-ER 的同等可及的语境假设候选项有两项，它们对最高制约条件的违反程度相当，均遵守次级制约条件，此外互有认知环境中不具备任何关于玛丽意图清醒或害怕失眠的信息，二候选项均违反了与假设互显度有关的 High-Degr. Mm. CA 制约条件，因此最低级制约条件对候选项淘汰与否起决定作用。当该对话发生在公司内午休刚结束时，“想保持清醒”这一假设的强度明显高于“害怕失眠”，此时前者作为优选项胜出；当该对话发生在晚间十点 Peter 家中时，“害怕失眠”的假设强度则明显高于“想保持清醒”，此时表 5.10 中最后一行的候选项胜出。至此，语境对关联优选推理模式对一则话语解读分析的影响可见一斑。

其次，同时影响生成机制与评估机制运作的关联期待包含对说话人意图的期待与释话人自身对交际结果的期待两个方面，其中对满足前种期待的认知效果的得出因人而异的可能性不大，但对后种期待的满足涉及释话人自身因素，对释话人期待得出的非说话人意义的认知效果的解读完全是因人而异的，因此即使在相同语境下解读同一则话语，随释话人不同，得出的认知效果也会不尽相同，如：

例 5.19　A：好久不见，你比以前更漂亮了，一定是爱情滋润的原因吧！
B：你就取笑我吧！（同例 4.21）

当 A 的话语只是一般寒暄时，他对 B 答语只有“附和寒暄”这种话题相关类期待，“生成—评估—再生成……”的推理步骤只需一轮即可终止，生成机制产出的第一个话语显义候选项接受评估机制中静态制约条件序列检验，被赋予说话人意义类的优选项身份，接受动态制约条件检验，满足“附和寒暄”的释话人初始期待，同时满足从说话人意义角度出发的三小类期待，话语解读结束；然而若 A 是一个对 B 心怀爱恋的，其话语带有试探 B 是否还是单身的意图时，A 对 B 答语的初始关联期待不只是“附和寒暄”类的话题相关期待，还包括解读“A 是否已名花有主”的具体期待，此时对同一则答语的解读涉及的推理步骤则比上述情况复杂，动态评估机制中多了一重期待，“生成—评估……”的过程自然也要多一至几个轮回，解读过程中认知努力的耗费增加，解读终止时认知效果的数量也会增加。该例便反映了由关联期待不同造成的关联优选模式对同一则话语解读分析程序上的不同。

最后，话语解读的第一步——语境假设调用，对其制约等级最高的检验条件就是语境可及度，该概念较之推理模式中的其它概念更为捉摸不定，我们最多只能客观分析影响语境可及度的因素，却不能客观描述语境可及度对每则具体语境假设的调用，事实上语境可及度往往因人因境而异，由此也造成了语境假设调用的多解性，如例 5. 11 中去德国酒吧的邀请，若话语接收方并没有与德语课上认识的男友分手，或根本就没有德语课上认识的男友，那么最可及的语境假设就不会是由德国酒吧激活的德语课男友，第一步的语境假设调用不会是上文分析的情况，话语解读的最终结果也会与上文存在较大差异。

综上所述，受语用推理自身性质的影响，关联优选推理模式对一则话语解读的分析并不能完全客观形式化，对同一则话语的推理描述也不具有唯一性，上文各例分析只是对例中话语在某特定语境下的一种可能或最为可能的解读过程的描述。

5. 4　总结

关联优选推理模式并非是背离关联理论初衷而建构的空中楼阁，而是在对佳联假设再修正、对关联话语解读机制精细化的基础上，对它们做出的优选论描述：首先，通过对释话人与话语二者的主体间性阐释，完成从准说话人视角向完全释话人视角的转换，消除了原关联理论解释推理所遭遇问题的根本病因，为对关联推理的进一步分析铺平了道路。其次，澄清了佳联假设中模糊易混淆的或者是被想当然化的概念，分清了“关联”在用于指称“认知效果的相关”和“认知效果与努力比的相关”时佳联假设的不同操作层面，以及“与说话人能力喜好相符”这一界定在不同操作层面上的不同所指，同时也指出“最大关联”在用于指称认知效果与努力比的最大化时并存的两个不同衡量标准，使关联推理更清晰条理。此外，对优选论中生成、评估机制及其等级制约条件序列等理念的借用使得基于关联的话语解读机制主观性减弱，更为客观，更具可操作性。

本章对关联优选推理模式的建构大致如下：对生成机制内语境假设调用制约条件序列的建构；对评估机制内静态制约条件序列、动态制约条件变化方式及动/静态条件间互动关系的描写建构；对生成机制与评估机制间互动关系的描写等。对生成机制的内部建构说明了认知效果候选项生成的有序性；对评估机制内静态制约条件序列及其中各条件相对或绝对性质的建构满足了评判认知效果优选项及认知效果性质的需要；对动态制约条件运作方式及其与其它制约条件互动关系的建构反映了认知效果对关联期待的动态满足方式；对生成机制与评估机制间互动方式的建构，则主要反映了关联期待终止话语推理的各类方式。

具体来讲，首先语境假设的调用涉及假设可及度、关联期待、假设互显度及假设强度四个限制因素，在由这些因素构成的制约条件等级序列的检验下，认知语境中的语境假设依次被调用，有序生成认知效果候选项，进入话语解读评估机制，接受下一步检验。

评估机制中的静态制约条件以每个认知效果候选项个体为检验对象，用于确定各候选项是否可以作为话语解读的一部分被保留，并确定每一则通过检验的认知效果的性质。同时满足“假设强度不为零”与“不与更强的已有假设矛盾”两则绝对限制条件的候选项便可以作为话语解读的一部分，以优选项的身份输出；当这些优选项满足相对制约条件“由互显语境假设结合话语生成”时，其性质为说话人意义；当该制约条件被违反，但另一条相对限制条件“该解读是释话人期待的一部分”被满足时，该优选项为释话人从自身角度出发的主动解读、是释话人期待认知效果的一部分；当某优选项对两条相对制约条件同时违反时，该话语解读为非预期、非必须的释话人解读。

静态制约条件以序列形式出现，而动态制约条件只有一条，即“对关联期待的满足”，初始关联期待包括两大类四小类内容，两大类为释话人从己方出发对话语提供自己期待得到的信息的期待和从对说话人意图解读的角度出发的关联期待，而后者又可具体分为三小类：对第一个生成的认知效果候选项即说话人意义的期待，对每则认知效果的解读努力都不会超常的期待，对每则认知效果都是说话人在该方向上能够且愿意提供的最大信息的期待。一方面输出候选项通过评估机制时的不同遭遇会反映在关联期待自身的动态变化上，导致对初始关联期待的重新定位，并由此反馈回生成机制，进而影响生成机制中下一步语境调用；另一方面，通过评估机制静态制约条件序列检验的优选项接受关联期待的检验，也会决定话语解读的终止与否。关联期待的动态变化由四大制约条件“关联期待的保持不能与有效的认知效果相矛盾”、“释话人己方出发的原初关联期待不能被吊销”、“候选项在评估机制内遭遇的问题在关联期待上要有所反映”、“关联期待保持原初状态”构成的等级序列决定；解读终止是当前通过检验的认知效果优选项与先前所有优选项叠加，共同满足了受优选项检验影响后调整了的各类关联期待，即解读终止于对当前各类关联期待的全部满足。

第六章

关联优选推理模式在不同语言层面上的应用

6.0 引言

我们认为，为关联话语解读机制建构的优选模式可以给涉及推理的各类语言现象提供更清晰、更具操作性的解释方案，然而鉴于篇幅等原因，本章仅讨论关联优选在两个语言层面——词汇语用层面及句法—语用界面上的应用，一方面考虑词义收缩和扩充现象，尽管关联理论亦可以解释这两种现象，但新模式更能增加对它们的描写细度及可操作度的词义收缩和扩充现象，同时重点阐述关联优选对词汇语用学尚未论及的、关联理论亦难于解释的另外两种词义动态性的描写与解释；另一方面说明关联优选推理模式的建构为当前学界热烈讨论中的构式现象带来的研究新视野和启示。

6.1 关联优选对临时词义推理的语用解释

本节将从词汇语用学的角度专注于对词义在话语中的调整（modification）、充实产生的临时词义（ad hoc concept）的讨论。词汇语用学是近年来语用学领域迅速发展的一门新兴分支学科，它“以词汇层面为基点，结合语用机制、语境知识和百科知识，对词汇意义（尤其是词汇的未完全表述义）、词义在使用中的演变及变化过程、运作机制、变化规律进行描写和理论阐释”（曾衍桃，2006：59）。每个词语在零语境下的语义并不是其在话语中语义的具体体现，词汇语用学抓住句子、短语层面上的语义—语用区别，把静、动态因素结合起来，强调词汇意义的动态性、灵活性和语境依赖性。传统词汇语义学研究将词义收缩（lexical narrowing）及借代（metonymy）、夸张（hyperbole）、约略（approximation）、隐喻（metaphor）、范畴延伸（category extension）等词义扩充（lexical broadening）现象视为独立的语用过程，分别予以研究；关联理论提出了不同的观点，卡斯顿（1996，2002）、威尔逊（2004）等关联学者们试图基于关联推理为这些语用现象提供统一的描述，解说释话人如何在关联期待的制约下，利用认知百科信息等，对具体语境中词义进行各类语用收缩和扩充式推理，并取得了一定的研究成果，然而这些研究尚缺乏系统性（冉永平，2005），且不够全面，下面我们就将详细讨论关联优选这一具体操作模式对语境中词义动态性、灵活性研究的丰富与补充。

6.1.1 关联优选对关联理论描述的词义收缩与扩充过程的修正与补充

关于词义收缩与扩充我们先引用威尔逊（2004，2006）的几个例子来做简单介绍：

例 6.1　a. 词义收缩：话语中词义比零语境的词义更为具体，外延更小
I have a temperature.（TEMPERATURE *：temperature higher than usual）
b. 约略：零语境下严格的语义在话语中被放宽
The bottle is empty.（EMPTY *：empty or almost empty）
c. 范畴延伸：显著性高的范畴成员被用于表征更宽泛的范畴
I need a Kleenex.（KLEENEX *：disposable tissue）
d. 夸张：比约略更明显的词义放宽
This room is roasting.（ROASTING *：very hot）

关联学者认为上述词义收缩及各类词义扩充都可以用关联话语解读机制统一来解释，对临时语义的解读是由话语解读过程中对关联的寻找触发的，沿最省力的路径，通过对显义、语境及认知效果三者间的相互调整来达到对关联期待的满足，词义的收缩或扩充随推理对关联期待的满足而结束。这种解释虽具有一定说服力，却过于笼统，它对词汇在具体语境下临时词义生成过程的描述精确度不足。

一方面，在对 a 句的解释中，威尔逊认为由于话语发生在“皮特提议与玛丽一起去医院看他姨妈”这一语境下，故而满足关联期待的解释为 Mary 自身身体的不适使令其探病这一建议不妥，这一认知效果与话语显义间的互动使对话语中 temperature 一词的临时解读成为“高至不宜探病的体温”。然而这一认知效果并非话语在该语境下的唯一可能的认知效果，对 temperature 的词义收

缩也并非仅能达到上述程度，该话语还有另外的解读可能，如说话人传达“她非但不能探病而且自己也需要人照顾，皮特今天应留在家中照顾她，改日再去看他姨妈”的信息，此时 temperature 词义收缩程度高于前者，成为“高至需要人照顾的体温”，这种情况下话语采用的是降级陈述（understatement）的修辞表达方式。原关联话语解读机制要求推理止于满足期待的第一个解读，当上述第一种解读满足期待时，不会有后续推理的产生，因此也就无法解释对话语词义的后种收缩，而话语解读的关联优选模式在此方面却不存在问题：

话语解读前的关联期待为最具体的对“玛丽去与不去”的期待，话语解读时 temperature 按语境可及度对假设的调用被赋予“体温”而非“气温”等义，当由此生成的认知效果候选项无法满足关联期待的检验，同时也并不能取消原有期待时，原期待不变的基础上增加对“一步解读无法直接满足期待、造成努力增加的原因”的寻找，一种情况下“由于体温偏高，以致不能探病”可以同时满足原初期待及其增生，结束话语推理；另一种情况下将 temperature 解释为“高至不宜探病的体温”这一语境假设虽满足关联期待，但在假设调用的选择过程中还有与其可及度不相上下的假设“高至需要人照顾的体温”，该假设也同样符合 ACCORD-ER 这一假设调用限制条件，此时假设调用由制约条件等级中较低的两项 High-Degr. Mm. CA、High-Stren. CA 依次决定，尽管对 temperature 的第一种充实“高至不宜探病的体温”被第二种充实“高至需要人照顾的体温”语义蕴含，后者的成立以前者的成立为必要条件，因此任何情况下前者的强度必然大于、至少等于后者，即“高至不宜探病的体温”这一语境假设对制约条件 High-Stren. CA 的满足程度始终会高于至少等于后者，然而并不能由此将例 6. 1a 的解读锁定在前一语境假设生成的效果候选项，从上文讨论已经得出，假设互显度并不由假设强度决定，且该条件等级高于后者，只要第二种充实的假设互显度高于第一种，话语推理就可以得出“玛丽非但不会去，而且她希望皮特也能改天再去”的结果。由此也就解决了原关联话语解读机制使话语解读终止于满足期待的最省力认知效果，因此不能描述对 temperature 词义的第二种充实的问题。

另一方面，关联理论不仅对临时语义收缩的描写过于严格，仅允许足够满足关联期待底线的一种充实方案，它对临时语义扩充的描写亦过于严格，在词语本义足以满足关联期待的情况下仍要求对其扩充，如威尔逊认为当皮特建议 Mary 再喝一杯时，玛丽给出上述例 6. 1b 的答语，则句中 empty 应被理解为

"没了或差不多没了",然而按照关联话语解读机制,推理沿最省力的方向得出满足关联期待的第一个解即终止,不为 empty 进行语义扩充,由其本身含义"没了"充当话语显义同样能推理得出"皮特的建议不现实"等隐义认知效果,满足关联期待,且这种解读比语义扩充对认知处理努力的要求更小,不同于为满足关联期待而进行的词义收缩,刻意将已经满足关联期待且对期待满足程度较高的词义扩充为仅满足关联期待底线的词义("差不多没了"或者说"瓶中酒不足以再倒出一杯")、得出与不进行语义扩充相同的话语隐义的做法,无缘由地增加了处理努力,是不被原关联话语解读机制容许的,因此威尔逊对此类词义扩充的描述有自相矛盾之处。关联优选解读模式可以在不动摇关联理论对各类临时语义调整现象解释统一性的基础上,修正威尔逊的描写、解决该问题,进而维护关联理论在词汇语用学领域的地位:

许多话语解读都存在临时词义扩充,虽然笼统来讲这些扩充是为了满足话语解读的要求,但具体引发扩充的因素各不相同,我们可以用关联优选模式的不同运作方式来描述。

对某些约略现象,词义临时扩充与否源于原初关联期待本身,第四章讨论中已说到关联期待虽不能完全决定语境可及度,却具有一定的影响作用,如"三点半"被用来回答"现在几点了?我赶三点三十七分开的火车"的情况下,问话人认为"火车检票口提前五分钟停止检票"这一语境假设对交际双方互显,由此期待答话人给予具体明确的时间信息,因此当接收到答语时,话语直接被解读为"三点半整";若当该答语被用来回答"现在几点了?我赶五点的火车"时,尽管"火车检票口提前五分钟停止检票"假设同样能互显,但其可及度很低,问话人期待答话人明白其话语隐义,给出的答语能提供与"我是否差不多该出发去火车站了"相关的信息,由于这一关联期待对时间精确度的要求不高,且问话人具有"答话人使用模糊时间表达可减少话语产出努力"的假设,因此关联期待及受其影响的语境假设可及度使对答语显义的生成自动调整到了词义扩充档。

而对另一些词义扩充现象,如例 6.1c、d,由于原初关联期待的性质过泛,对语境可及度的影响不大,词义充实是在显义初次生成后的步骤中完成的,是对初次生成的显义的调整,在例 6.1d 由夸张造成的词义扩充中,显义调整发生在第一个候选项通过静态制约条件检验后,因为房子不能像肉一样被用来烧烤,所以该候选项违反了静态制约条件中的绝对条件 * CONTRA. Str-er. CA，生成机制需要重新进行显义生成，对 roasting 进行最小词义扩充，当所得显义候选项不与绝对制约条件（主要指已知语境假设、特别是其中的百科知识）相悖即停止，在此例中从煅烧时的高温放宽至房间内可能具有的高温（very hot），而不会继续放宽至高于平时的房间温度（hot），能通过评估机制检验的最小词义扩充不但比其它扩充省力而且与字面义的促动性最强，因此是二次显义生成的首选。而对于例 6. 1c，词义扩充并非话语解读的必须，由字面义生成的显义候选项同样能通过评估机制的检验，此时的词义扩充有两种可能：一方面释话人认知语境中具有“说话人常用舒洁（Kleenex）表达纸巾义”的假设，在初次显义生成过程中该假设便作为可及度高的假设直接参与候选项生成，即词义扩充是生成机制中假设调用的最高制约条件 MAX-Acces. CA 作用下的结果；另一方面，若释话人并不具备该假设，则词义扩充发生在对话语义的二次解读，对话语的一次解读止于对满足关联期待的说话人意义，即“说话人想要舒洁牌纸巾”的解读，由于释话人无能力提供舒洁牌纸巾，但同时希望尽可能满足说话人要求，因此由释话人自身激发对词义的扩充，重新将舒洁解读为“各类纸巾”的代名词，这一解读在一定程度上违反了评估机制内静态制约条件中的相对条件 CE-MM（即认知效果由互显语境假设结合话语生成），因此该解读不再完全具有说话人意义的性质，而成了范畴的边缘成员，释话人为该解读承担较高的责任。

至于对例 6. 1b 句解读的情况，虽然解读前的语境为释话人提供了最具体的关联期待（对“玛丽回答喝还是不喝”的期待），但该期待的满足需要隐义完成，与话语显义生成没有直接关系，因此词义扩充与否不能在初次显义生成中确定，当较省力的显义生成（不扩充的词义解读）能通过评估机制中绝对制约条件的检验，且不影响下一步隐义生成时，词义没有临时扩充的必要。当该显义生成在绝对制约条件处受阻（如皮特听到答语后看了眼酒瓶，发现其中还有些酒），被淘汰时，被迫进行的二次显义生成必须对 empty 的词义进行临时扩充，词义调整以不与已知语境假设矛盾为准（即不违反绝对制约条件），因此对例 6. 1b 的解读并不会对 empty 语义盲目进行扩充，而是依语境因素而异，尽管瓶中无论是否还有些酒，该话语均具有语用适宜性，但依据省力原则只有在必须（如不扩充就无法得出显义优选项等）的情况下，临时词义扩充才会展开，由此也就解决了原关联话语解读机制对该语义充实现象描写中的自相矛盾。

从上述讨论可见，临时词义扩充可以发生在话语解读过程中的不同阶段，即便是表层体现相同的词义调整现象也可能由推理过程的不同阶段引发，关联优选解读模式对临时词义扩充现象的解释不但保留了原关联理论对各类现象描写的一致性，也能体现其间的相异性①，以便更清晰的认识一致解释下的各种不同变体，这种对概括性与精细性的并重正是关联优选模式描写词汇语用学的优势所在。

6.1.2 关联优选对词汇语用学未作描述的语境中词义变化现象的解释

关联优选模式的解释力并不仅限于对已有解释的精细化，同时也可以为以往未能解释的临时词义调整现象做出解释，丰富词汇语用学的同时拓展关联在语用推理方面的解释力，下面我们就以两类现象为例加以说明。

6.1.2.1 关联优选对词义临时突变现象的解释

语境中的临时词义调整并不仅限于上述的词义收缩与扩充两大类，在某些情况下还可能出现词义的临时突变，前两者是沿被编码概念（encoded concept）所含百科信息的某一方面或几方面的收缩与扩充，如例 6.1a 句是在 temperature“温度”这一性质层面的收缩，c 句为对舒洁“功用”、“材质”等特性层面的保留和对“品牌”、“包装”等特征层面的扩展或取消；而词义突变不是被编码的概念在某性质或特征层面的缩放，而是替代，缩放对原有特性部分或完全保留，替代则是对原有特性的完全取消及更换，如下例：

例 6.2 （刚过完春节，两个同学回到学校相互问候）

A：新年好啊！

B：新年好，什么时候回来的？

A：前天，你呢？

B：我昨儿刚到，你说咱们要不要去给导师拜个年？

A：他不在，听说是跟师母出去旅游了，过了中秋才能回来。

A 最后一句答话中的“中秋”一词在当时的语境下语义发生临时突变，用以指称“十五元宵节”，词义的这种突变不是指称层面上对原编码概念的扩展，原指称被取消，但词语在指称层面上的意义不被取消②，而是由另一指称

---

① 需要注意的是，从上一段的分析可以看出，此处对临时词义扩充现象中变异性的讨论不与传统分析中的约略、夸张、隐喻等分类方式等同，而是在不同层面上的描写。

② 这使其有别于词义扩充，后者一方面允许原编码概念在某层面上意义的扩展，另一方面也接受在该层面上意义因扩展而导致的彻底取消，如例 6.1c 中舒洁的品牌特征在解读中被彻底取消。

取代，这种词义突变不是说话人意图释话人进行的推理，但词义突变的结果却是说话人意义的一部分，也就是说，话语解读过程中词义的突变由释话人自身激发，不符合说话人为释话人建构的以最小努力获得足够认知效果的话语解读方式，但得出的认知效果却具有说话人意义的性质，词汇语用学未把这种现象纳入研究范围，原关联理论也同样不能解释超出说话人意图以外的交际，若按照原佳联原则的指导，推理首先生成符合“中秋”本义的显义解读，在该显义基础上可以进一步推理话语隐义，最终得出“现在不能去给老师拜年”的解读，整个过程符合“以最小处理努力得出满足关联期待的认知效果”的要求，进而推理终止。对“中秋”词义的重新推理会造成释话人处理努力的增加，却得不出额外的说话人意义，因此在原关联解读机制下根本无从谈起，然而该词义的临时突变是符合语感的解读，我们有必要对其进行解释，关联优选模式纳入了对认知效果性质的考虑，对推理的描述也不再局限于符合说话人意图的过程本身，因此它可以将这种词义突变现象纳入对临时词义调整的统一解释之下。

首先生成机制按假设调用制约条件序列的要求生成含“中秋”本义的显义候选项，依照关联优选推理模式，该候选项直接进入评估机制接受检验，由于中秋是农历八月十五，而话语发生时刚过春节，因此是八个多月后的事情，老师不可能为旅游而请假半年，该假设的强度很高，初次生成的显义候选项因与其矛盾，违反了绝对制约条件 * CONTRA. Str-er. CA，被淘汰，二次显义生成过程中由于关联期待要求对“中秋”的解读与前文的“他不在”这一信息相一致，即“中秋”所指的日子还未到，此外话语得解还要求“中秋”的重新解读保留对具体日期的指示功能，因为中秋节与元宵节都在农历十五，且都是中国较大的传统节日，因此“中秋指代就快到来的元宵节”是上述两重期待影响下的可及度最高的语境假设，由此生成的显义候选项通过评估机制中绝对制约条件的检验，同时也符合所有两项相对制约条件的要求①，因此认知效果的性质为说话人意义。该假设在通过评估机制内动态制约条件检验时，除了因不能满足原关联假设而引发生成机制内的隐义候选项生成外，还因违反了对

① 上文已经说过，虽然该推理过程本身不是说话人意图释话人进行的，但推理确实是为确定说话人真正的指称、为解读说话人意义而进行，释话人在使用“说话人指的是元宵节”这一假设时，认定该假设对交际双方互显，因此由此生成的显义候选项符合 CE-MM 这一相对制约条件。

“每则认知效果的解读努力都不会超常”的期待而诱发对其原因的寻找，话语解读最终时所得的认知效果不仅有“因为导师在过了正月十五后才会回学校，所以现在不用去拜年”，同时还有“A说话过程中发生了口误，混淆了正月十五与八月十五的两个节日名称”，后一种为非预期、非说话人意义的认知效果。由此可见，关联优选模式对话语解读过程中词义临时突变情况的解释，不但描写了对词义突变的推理过程，同时也对词义突变的原因及对该原因的推理做出了阐述。

6.1.2.2　关联优选对一类特殊词义扩充现象的解释

这类现象本属于临时词义扩充的一种，之所以置于词义突变后讨论是因为，虽然从表层体现看它反映为词义的扩充，但从深层讲，其推理过程与词义突变有更多的近似处，如下例所示：

例6.3　（A、B二人打赌屋外天气如何，A认为挺冷，B认为不冷，B出门感受了一下，回到房间后二人有下面的对话）

A：怎么样？挺冷吧！

B：有点。

A：呵呵，愿赌服输嘛！

B明白自己赌输了，却碍于面子不愿完全承认，使用“有点”这一模糊程度词作答，意图在一定程度上降低她自己面子的损失，在B的如意算盘里，A若未进行词义扩充的推理最好，即使做出了这种推理，她也不算说谎。因此B的答语是低调陈述（understatement）的一种，但在携带说话人意图上有其特殊性，释话人可以对“有点”语义表达的程度范围进行扩展，延伸至“挺”所覆盖的程度，但这种扩充由释话人自发引出，不是说话人有意图致使他进行的推理，其自身建构的话语中并无迹象（evidence）诱发这种推理，这与上节词义突变的情况较为相近，但又不同。一方面，词义突变中说话人对释话人的推理过程没有预期，而此处说话人预期释话人可能会进行此类推理；另一方面，词义突变推导过程虽非说话人预期，但推导结果却是说话人意义，而此处所得认知效果并非说话人意义，至少不是说话人意义范畴的典型成员，更多是释话人对话语自身意义的解读。这类超出说话人意义范围的话语解读自然也不能被原关联理论解释，而需要关联优选模式来描述。

若释话人接收话语前仅具有符合说话人意图的、对“话语提供与屋外气温有关的信息”的期待，那么该期待作用于语境可及度后，调用最可及的假设对“有点”这一话语的显义候选项生成结果为“现在房间外面有点冷”，该候选项通过评估机制内所有四项静态制约条件的检验①，作为具有说话人意义性质的认知效果优选项接受动态制约条件的检验，在直接满足原初期待后解读终止；若释话人在解读话语前不仅有上述期待，还同时具有与对说话人意图考虑无关的、释话人自身的期待——“能通过话语判断打赌的输赢”，则初次生成的显义优选项不能通过动态制约条件中释话人对“话语提供自己期待得到的信息”这一期待的检验，解读返回至生成机制，通过重新组织语境调用，对认知效果候选项进行下一步生成，然而打赌的内容是“不冷”与“挺冷”，“有点冷”这一显义描述的程度过于中性，无法在其基础上推衍进一步的认知效果，用于判断打赌输赢。生成机制中的假设调用遵照制约条件序列，选择可及度较高的（受释话人已有语境假设“屋外挺冷”的影响）、同时也满足关联期待的语境假设，将“有点冷”词义扩充为“挺冷”，作为对初次生成的显义的补充，进入评估机制中接受检验，由于没有明确的语境假设“外面不冷”与其矛盾，强度高的假设“有点冷”语义蕴含“挺冷”，不足以否定后者，因此该显义候选项不违反、至少是不一定违反绝对制约条件 * CONTRA. Strer. CA（即在优选图表中可以用“?”，但不能用“ * ”标识），准优选项“挺冷”符合相对条件中的 CE-I'E，却违反另一条 CE-MM，因此具有“非说话人意义的、释话人期待的认知效果”的性质。与说话人意义无关的认知效果本不需接受动态制约条件中针对说话人意义的期待的检验，但由于该认知效果不是基于说话人意义的派生推理，而是对说话人意义本身的调整，接受该认知效果就说明，已经得出的说话人意义违反了对“每则认知效果都是说话人在该方向上能够且愿意提供的最大信息”的期待，由此引发的对违反原因的寻找构成了话语解读的一部分，解读结果（即说话人对面子的顾忌）不但自身是认知效果，同时也为上述准认知效果的成立提供了佐证，关联优选模式比关联理论及其原有话语解读机制在解释力与可操作性上的优越性由此亦可见一斑。

---

① 推理在这一步的不同也可以反映出词义临时突变与扩充间的区别，前者是词义的替换，故按词语被编码概念生成的显义候选项，因不能通过评估机制内绝对制约条件的检验而被淘汰；后者是词义的扩充，对原始概念在被扩充维度上的语义完全保留，因此涉及原始概念的显义候选项在通过评估机制检验时不会被淘汰。

6.2 基于关联优选的线性分析对构式的描写

构式研究作为认知语言学的一个主要研究领域，继承了后者的根本理念，认为句法并不是自足的层面，它与词法没有严格区分，都是传达意义的象征单位，而意义是基于体验的认知现象，是身体与心智相结合的产物，因此在某种意义上可以说，构式语法研究的是基于体验的概念内容结构化、符号化为某特定形式的过程，这种研究不是单纯的句法研究，“体验”是人的能动体验，“概念内容”是依赖于百科知识的语义，构式语法的研究不排斥人的因素以及语用因素的介入。

对论元结构（argument structure）的构式语法（Construction Grammar）分析以戈德堡（Goldberg）为代表人物，戈德堡（1995）提出构式是独立于词汇语义规则之外的语法事实，有独立的语义。话语意义是构式意义与词汇意义共同作用的结果：当构式义与词汇义间无冲突时，自然生成话语意义；当存在冲突时，则构式义压制词汇义，一个典型例子就是 He sneezed the napkin off the table 一句中的一价动词 sneeze 进入使动构式［SUBJ［V OBJ OBL］］[①] 被压制后带上了三个论元，并具有了使动结构的核心意义［X 致使 Y 移动 Z］。论元结构构式分析最大的作用在于减轻了动词词义的负担，避免了动词义项的无限增生，如在解释上句时无需专门为 sneeze 词条增添含有使动义的三价用法，而仅需将此纳入构式义即可。由于构式语法提供了与传统语法完全不同的解释视角，为传统语法不能或难于解释的句法现象提供了更为简明清晰有力的解释，因此被广泛推崇，国内对构式理论的引介评论、对英汉构式的比较研究、对汉语句法现象的构式分析也是方兴未艾（董燕萍、梁君英，2002；纪云霞、林书武，2002；李淑静，2001；陆俭明，2004；沈家煊，2000；石毓智，2004；熊学亮，2007；徐盛桓，2007；严辰松，2006；张伯江，1999，2000 等）。

构式理论的发展及对其的应用性研究基于“以说话人为中心的情景建构”（speaker-centered “construals” of situations）（Goldberg，1995：7），这说明两个问题：一方面，论元构式不是脱离语用的纯句法层面的现象，事实上构式语

① SUBJ 为主语，V 为非静态（non-stative）动词，OBJ 为宾语，OBL 表示间接格（oblique case），一般由介词引出，在此指方向短语（directional phrase）。

法既不区分词汇与句法，也不完全反对语用的介入（Goldberg，1995，chap. 1），在书中（Goldberg，1995）第93与96页语用因素甚至明确被作为与句法、语义并列的层面列入对构式的作图分析中，在某种意义上可以说构式讨论对象是有人的因素及情景因素参与的句法—语用界面问题，其研究对象与其说是脱离语用因素的句子结构，不如说是话语通过在语境中长期使用而固化在句法层面上的体现，我们此处的研究将这些固化用法重新置于语境中进行认识，在一定程度上也可以说是对特定构式历时固化方式的研究；另一方面，从说话人句子/话语建构这个单一角度展开的构式分析，不可避免的遗留了一些灰色区域，使对构式现象的认识带有一定的片面性，本节将尝试从听话人解读的角度重新审视论元结构构式，借助关联理论的某些基本思想，辅以优选论的“限制条件等级体系”概念，提出线性构式分析法，以期获得某些新的启示，深入、丰富对构式的认识。

具体而言，虽然构式是宏观全局的概念，与在线推理无直接联系，然而构式的产生却是从无标的句法结构扩展到有标的语词搭配（如从合乎动词配价的题元①组合 put the book on the table 到不符合配价规定的论元结构 sneeze the napkin off the table)，将无标结构的核心语义赋予同一句法结构的有标体现的过程。一方面从无标到有标的过程涉及处理努力大小的变化，处理努力的大小可以反映对构式使用的原型性情况；另一方面为同一句子形式赋予不同的句法结构、不同的论元结构需要涉及推理，推理过程中假设调用或推理步骤上的差异等可以反映同形式异构式的情况。

6.2.1 关联优选对构式原型性的描写

构式原型性是指同一构式内各实例对该构式的体现情况、典型性的高低。仍以双宾构式为例：

例 6.4　a. He gave Mary a book.

I baked Mary a cake.

Kill me a goat!（Givon，1993：217）

这一组句子均体现双宾构式，典型程度由上至下依次降低，若不借助在线

① 题元与论元很相似，题元是动词的支配成分，论元是逻辑谓词的支配成分；前者是语法学概念，主要考察格关系，后者是逻辑学概念，是命题中的论元，主要从意义出发，常用在语义学中。

线性解读的概念，用整体全局分析法解释它们对构式的体现情况，仅能说清 a 与其它二者间的差别，却无法解释 b 与 c 在原型性体现上的差异：a 句动词 give 本身的配价要求就是三个题元，且完全符合〈agt rec pat〉结构，构式义“有意向的转移”也完全包含在 give 的核心义中，即构式义与动词义相符，不需要“压制”（coercion），因此是对该构式的原型性用法；b 句中 bake 配价要求施事、受事两个题元，不能分配接收者题元，与构式的论元结构不符，受动词题元分配方式的影响，bake 核心义体现施为但不包含转移义，构式义通过构式对动词义的压制体现，因此这句话体现的不是构式原型；全局分析法对 c 句的分析类似 b 句，因此虽能描述该句对构式应用的非典型性，却不能说明语感上 c 句比 b 句原型性更低的原因。

我们说句子的生成与解码也是线性的，用线性方式分析构式可以带给构式研究某些新活力，采用基于在线推理的线性分析法对这三例的重新描述如下：在解读到 a 句动词 give 时该动词的题元分配方案会自动激活，引发初始关联期待，即“下文接收到两个名词，且它们分别充当接收者与受事成分”，无论最终解读到的是体现〈agt rec pat〉论元结构的 give Mary a book 还是体现〈agt pat rec〉的 give a book to Mary，题元分配方案得到满足的句子解读都同样省力、同样符合二构式的论元结构要求，二构式都具有“有意向的转移”义，且该义被动词 give 蕴含，不存在压制现象，两句话分别体现对两个构式的原型性用法；再返回线性解读，当对 b 句的解读到动词处时，bake 也同样激活其配价方案，期待接下来出现受事题元，当玛丽这一与 bake 所需受事的语义特征相冲突的名词独立出现在 bake 后时，该关联期待被取消，但对“说话人具有正常言语表达能力、能建构清楚表达意义的句子”这一期待并未被取消，因此句子解读必须继续，通过采取延迟解读的做法，当整句被完整解码后，由 cake 充当受事，玛丽则被赋予接收者论元，句子成功得解，由于该解读过程中经历过一次关联期待的取消，处理努力耗费大于 a 句，故而对构式典型性的体现不高；当解读 c 句时情况更复杂，虽然同 bake 一样，kill 也是分配施事、受事二题元，但不同于 b 句，动词后 OBJ_1 的语义特征与 kill 所需受事的语义特征无冲突，因此在线性解读过程中直接被当成受事，然而当接下来又解码得到名词成分 a goat 时，不但“句子结构符合动词配价方案”的期待被取消，已经解读好的部分句子意义亦被取消，推理返回至动词处，重新为 me 和 goat 分配论元角色，通过将原本分配给 me 的受事角色转移至 goat，并重新给 me 分配接受者角色，句子得解，由于此间处理努力耗费比 a、b 两句都大，所以体现的构式典型度最低，可接受性也最低。与对构式的全局分析相比，在解释具体实例对构式的体现情况时，基于在线推理的线性分析优势由此可见一斑。

6.2.2 关联优选对句内构式判定的描写

例 6.5 a1. Bees are swarming in the garden.

a2. The garden is swarming with bees. （Goldberg，1995：2）

b1. I called her a cab.

b2. I called her a liar.

构式语法关注相同的用词在不同但相近的句式中表达的不同意义，如 a 组句子，虽用词均相同，但 a2 句有整个花园满是蜜蜂的意思，a1 句则无该义，通过为两个句式规定不同的构式义，该问题得解；然而却忽略了类似 b 组的情况，该组句子形式均为 N V NP NP，然而前者是双宾结构，句法结构为 SUBJ V OBJ_1 OBJ_2，后者是复合及物结构，句法结构为 SUBJ V OBJ COMP，前者体现 GIVE 义，后者携带 AS 义，体现的是两个完全不同的构式。由此可见，同样的形式因个别用词不同可以体现完全不同的意义，得出完全不同的构式。构式语法强调，当一组词语进入某构式时，必然被强制携带构式义；然而面对一组形式相同的句子，如何判断它们体现的是否是同一个构式，这是构式语法自身不能解决的问题。举例说明：

戈德堡（1995）将 SUBJ V OBJ OBL 结构中的 V 限制为非静态动词，OBL 限制为方向性短语，在这些限制条件下上述句法结构与〈cause（r）theme goal〉论元结构对应，并由该论元角色组合方式引发“由致使（者）论元直接导致客体论元沿方向论元所示路径移动”的使动（CAUSE-MOVE）构式义，并由此展开对该原型构式义变体（如 ENABLE-MOVE、HELP-MOVE、CAUSE-not-MOVE 等）的描述。然而这种研究一方面强调构式义对词汇义的压制，这要求对构式的判断先于对词义组合的判断，另一方面因为 OBL 是否具有方向性不能由介词决定（如例 6.6a 与 e 句中 OBL 同为 in 引导的介词短语，但前者表静态处所，后者则做方向指示语），因此只有基于对整句语义的解读才能判断 OBL 的性质，而这又要求对句子义的解读先于对构式的判断，这种“构式压制词义，词义决定构式”形成了怪圈循环，必然影响构式说服力。我们认为，由构式义主导的构式内部研究必须与受词语义影响的构式判定研究相结合，通过明确构式义与词汇义各自的作用范围，才能梳理清这个貌似怪圈的现象，在本小节中我们旨在通过关联优选的方法描写对 SUBJ V OBJ OBL 结构中各构式判定，以弥补单纯对构式内部分析的缺陷。

例 6.6　a. He is washing dishes in the kitchen.

b. He shot the bird in the tree.

c. They floated the ship at the port.

d. He carried the luggage into the room.

e. He stuffed the papers in the envelop.

f. He sneezed the napkin off the table.

g. He trotted the horse into the barn.

上述七句话从 c、d 间分开，前三句为构式混合，后四句是单纯的使动构式，细看每句又各有其特点，现依次描述如下：

[SUBJ V OBJ] OBL_{loc}：主谓宾结构中〈agt pat〉构式加介宾结构中〈loc〉构式，表 S 施为于 O 这一事件整个发生在 OBL 处。

[SUBJ V OBJ OBL_{loc}]：主谓宾结构中〈agt pat〉构式内复合介宾结构中〈loc〉构式，表 S 施为于处于 OBL 处的 O。

[SUBJ V OBJ] OBL_{loc}：主谓宾结构中〈agt theme〉构式加介宾结构中〈loc〉构式，表 S 致使 O 移动事件发生在 OBL 处。

[SUBJ V OBJ OBL_{dir}]：整体结构体现〈cause theme goal〉构式，表 S 致使 S 与 O 同时沿 OBL 指定方向移动。

[SUBJ V OBJ OBL_{dir}]：整体结构体现〈cause theme goal〉构式，表 S 致使 O 沿 OBL 指定方向移动，V 为致使方式。

[SUBJ V OBJ OBL_{dir}]：整体结构体现〈cause theme goal〉构式，表 S 致使 O 沿 OBL 指定方向移动，V 为致使方式且仅与 S 发生关系。

[SUBJ V OBJ OBL_{dir}]：整体结构体现〈cause theme goal〉构式，表 S 致使 O 沿 OBL 指定方向移动，V 为 O 移动方式。

上述七句话反映了四种构式或构式组合方式，六种不同的主谓宾状搭配方式（第一、第三句相同），因为这些现象均由组成句子的词义引发，而构式强调构式义对词义的压制，所以这些由词义起主要作用的同结构异构式、同构式异搭配方式都是构式语法鲜有描述的现象，为弥补单纯对构式义内部研究的缺陷，下面我们就用基于关联优选的线性构式分析对这些现象进行描述。

基于关联优选解读的线性构式分析是关联优选推理模式在句子解读层面上的应用，生成机制中最可及的语境假设是谓语动词的常规配价方案，评估机制中的静态绝对限制条件为“构式判定不能留下孤立的依附性论元成分”，而决定优选项性质的静态相对制约条件为“句子体现的论元结构构式是该层面上的最小形义结合体”，动态制约条件中的关联期待有两种性质，初始期待是较具体的期待“句子论元结构符合谓语动词的配价及题元方案”，在该期待不能满足时，会调整为宽泛的一种——“句子体现有意义的论元结构构式”。

生成机制首先会调用谓语动词的常规配价方案，符合常规配价方案的线性解读作为最省力的解读候选项输入评估机制，顺利通过检验时，“句子论元结构符合谓语动词的配价及题元方案”这一初始期待被直接满足，句子字面义解读结束，此时句子反映的是对其所体现构式的原型性应用；当随着线性解读的继续，该候选项受后续句子成分影响，与“构式判定不能留下孤立的依附性论元成分”这一静态绝对限制条件矛盾时，解读返回至候选项的生成，随该候选项的淘汰，由且仅能由它满足的原初期待“句子论元结构符合谓语动词的配价及题元方案”亦被取消，期待调整为宽泛的“句子体现有意义的论元结构构式”，当再次生成的候选项通过了评估机制静态制约条件检验，同时还能够满足宽泛期待时，句子字面意义的解读结束，由期待调整造成的处理努力额外支出由句子对构式的有标、非原型性体现来解释。当静态制约条件中决定优选项性质的相对制约条件“句子体现的论元结构构式是该层面上的最小形义结合体”被遵守时，句子体现对单一构式或多个叠加构式的原型性应用；当优选项违反该条件时，句子体现谓语动词多种常规配价方案中对题元数量要求较高的一种或者是与谓语动词常规配价不符的论元结构构式的非典型性应用。

将上述信息套入对例 6.6 中一组句子的解释，释话人在接收句子前期待论元结构符合谓语动词的配价及题元方案，当接收到第一个语词时便开始了线性解读过程，在接收到谓语动词时激活其常规题元分配方式。由于构式的定义要求构式具有句法、语义或从其它构式处的不可预测性，因此句中构式解读的静态相对制约条件是“句子体现的论元结构构式是该层面上的最小形义结合体”，在对 a、b、c 句的解读中，当解码发生到 OBJ 处，SVO 结构符合谓语动词的常规题元方案时，最小的形式—意义结合体已经形成，释话人对句中第一个构式的判定结束，接下来接收到的成分会作为另一个构式进行解读，由于对句中两个构式的解读均是由最省力的候选项一次性完成生成—优选全过程的，因此 a、b、c 句均体现了对二构式的原型性使用。然而 a、c 句与 b 句间还存在一些差别，由 SUBJ V OBJ OBL 结构体现的二构式叠加情况分并列与复合两种，主要源于对第二个构式解读上的分歧，根据线性构式解读方式要求，SVO 整体被作为独立构式解读，若随后接收到的后续句法成分是对先前构式的整体修饰（a、c 句情况），二构式间的关系为并列；若结合最易激活的（百科知识类）语境假设判断，后续成分是对先前构式中某论元的单独修饰（b 句情况），先前构式的整体解读被打开，容许第二个构式作为修饰成分插入其中，这种构式复合比构式并列所需解读努力要多一些。

当谓语动词激活的常规题元分配方案要求三个论元时，如 He put the book on the table 中的 put，句子直接被解读为单一的使动构式，SUBJ V OBJ OBL 结构是表达“由致使（者）论元直接导致客体论元沿方向论元所示路径移动”义的最小形义结合体。然而在对 d 句的解读中 carry 一词激活的常规配价是二价，线性构式分析会在解读到 OBJ 后得到论元结构层面上最小的形义结合体，对句中体现的第一个构式的初步判定结束，释话人期待随后的句法成分以独立构式的身份与前者并列或复合（如 [She carried the baby] [in the arms] 的情况）。然而在 d 句中随后解码得到的是明确的方向性短语 into the room，由于表方向（OBL_{dir}）的成分不同于地点成分（OBL_{loc}），具有依附性，必须依赖于其它成分，方向性的所指对象必不可缺，因此将该句中 SVO 结构作为一个构式的初步判定违反了静态绝对限制条件“构式判定不能留下孤立的依附性论元成分”，遭到淘汰，先前判定的构式被打开，以接纳 OBL_{dir} 融入其中，句子被重新定性为单一的使动构式。这一解读优选项一方面违反了静态相对制约条件“论元结构构式都是自身层面上不可分割的最小形式—意义结合体”，因此该句中的构式体现的是谓语动词多种常规配价方案中对题元数量要求较高的一种；另一方面该构式判定满足初始期待“句子论元结构符合谓语动词的配价及题元方案”，解读过程不涉及期待调整，因此 d 句对使动构式原型性的体现仍较高。f 句的情况与此相似，不同的是谓语动词 sneeze 的常规配价仅有一种，为一价，由主语提供，构式判定止于动词处，然而后面又出现宾语 the napkin 及方向短语 off the table，为得到能通过静态绝对制约条件“构式判定不能留下孤立的依附性论元成分”检验的优选输出项，最初的构式判定只能被取消，接受后续成分纳入先前判定的构式，最终整体体现使动构式，这种对句中构式的解读违反了静态相对制约条件，体现的是对与谓语动词常规配价不符的构式的应用；同时该解读优选项在接受动态制约条件检验时违反了初始期待——“句子论元结构符合谓语动词的配价及题元方案”，引发期待调整，反映出 f 句是对其所体现构式的有标、非原型性应用。

e 句中谓语动词的常规配价方式有两种，既可分配两个亦可分配三个题元，因此该动词能体现对两种构式的原型性应用，当解读发展到 OBJ 处时，由于当 stuff 支配二题元时要求其中的非施事题元表目标处所，即 stuff 的对象，而该句子中的 OBJ 位置的客体题元表示的却是用于 stuff 的材料，这一题元分配使得句中动词的配价被定位在三个题元上，释话人期待随后还有表 stuff 对象的成分出现，以满足这种配价方案，正是这种期待为随后出现的 in the envelop 短语定性为方向性短语表目标处所，对该句所体现构式的判定也是最省力候选项一次性通过评估机制的过程，且静态绝对、相对制约条件同时满足，关联期待未经调整，句子体现与动词常规配价方案之一相符合的使动构式，且原型性较高。

对 g 句的解读与 d、e 句都有相似处，一方面 trot 有一价、二价两种常规题元分配方式，在接收到 OBJ 时，一价用法被排除；另一方面，线性解读到 SVO 后，初步的构式判定结束，但由于后续论元成分 into the barn 具有依附性，初步构式判定虽符合初始期待，但在随后的解读中因为新信息的加入，使该构式判定违反了静态绝对制约条件，被淘汰，构式判定重新进行，在将 OBL 纳入先前构式后，整句被判定为对单一的〈cause theme goal〉类使动构式的体现。

上述描写反映出，对构式的判定离不开对句子中词义的理解。对 SUBJ V OBJ OBL 是否体现使动构式，需要通过考虑其中谓语动词常规配价方式、OBJ 的语义内容（如 e、g 句）及 OBL 的依附性（如 d 句）等才能得出判断，因此构式研究特别是构式判定离不开对句中词义的考虑，可以说对构式的判定是基于词语义的关联推理的结果，在该层面上对词语义的考虑高于构式义；然而对构式的判定与对句子的解读是同步进行的，即关联推理在对构式的判定过程中同时也对非典型的构式应用中的动词义作了调整，以确保释话人得出满足“句子体现有意义的论元结构构式”这一期待的解读，在该层面上构式义压制词义，所谓“压制”其实是构式判定过程中关联推理对句中动词核心义的充实，从释话人角度看构式义实际上就是一组句法结构相同、论元结构判定亦相同的句子在语义解读上的共性。此外，对构式有标使用这一现象产生的原因，关联优选的句子解读机制也能给出一定的解答，由于构式可以对句子中的语词意义进行充实，进而省去说话人对构式义显性表达的麻烦，因此从某种意义上讲，说话人对构式的有标使用是在不影响释话人句子解读的前提下，对减轻其自身言语表达建构努力的追求。

6.2.3 关联优选对语境中构式判定的描写

上面讨论的线性构式分析都是在句子层面进行的，如果说句子中影响构式判定的是语词语境，那么话语层面上的情景语境因素同样能影响构式的判定，且这种影响更需要由关联优选来解释。

虽然构式研究中语义与语用不分家，Goldberg 也在论元结构构式中谈到过语用问题，但与注重形合的英语比起来，语境在更重意合的汉语中所起的作用更大，汉语中构式判定对语境的依赖性也更高，下面就以汉语中的"名词短语 + 动词 + 它/他 + 数量短语"（NP V *ta* NumP）① 句式为例，说明情景语境对构式判定的影响。

NP V *ta* NumP 这一纯形式在汉语中至少可以对应四种句法形式 SUBJ V OBJ COMP（信他一回）、SUBJ V OBJ_1 OBJ_2（尝他一个）、SUBJ V *ta* COMP（搏它/他一回）及 SUBJ V *ta* OBJ（写它/他一篇），其中动词与数量短语间的关系由二者语义决定，既不影响也不受"他/它"影响，因此在对带 ta 的 NP V *ta* NumP 结构的研究中我们将忽略数量短语在句法形式中的性质，而按照 ta 在句法中的作用将其分为两大类，一类中 ta 作宾语成分，另一类中 ta 为表宣泄义的虚词②。

构式中以人称代词充当宾语的情况很常见，此处不再赘述，对于虚词"他/它"构式的存在理据，则需简要说明：NP V *ta* NumP 结构中"他/它"无实际词语意义、作为虚指论元仅携带语用意义的情况之所以构成一个独立构式，是通过构式定义检验的：一方面该结构的构式义不能单独由动词与"他/它"再与数量短语的组合推导出来，因为"他/它"本身作为人称代词不具备表达宣泄、强调等意义的功能；另一方面该结构中出现的动词往往不受其所能

---

① *ta* 指汉语中的第三人称指示语他/她/它；NumP 为数量短语。

② 需要说明的一点是，由于我们忽略了数量短语在结构中的成分性质，因此此处对构式的讨论无法具体到论元结构层面，而是比论元结构构式高一层的、句法形式层面上的半开放式抽象构式。

携带的题元数及对题元的语义要求的限制，即该结构的形式不能从对动词的配价分析中预测出来，如“逛他两天北京城”中的动词“逛”自身仅为二价动词，只能携带施事与客事两个题元成分，且客事作为“逛”的对象，语义上要求是非生命的表处所的名词，而在此结构中该动词却可以多带一个成分“他”，这只有放在构式中才能解释。上述两点足以作为宣泄构式 SUBJ V *ta* OBJ/COMP/…存在的理据，这种构式与宾语由第三人称指示代词“他/它”充当的 SUBJ V OBJ OBJ/COMP/…构式不但可以在纯形式上相同，甚至可以在实例层面上有完全相同的体现，然而相同的词语及其组合方式却可以体现不同的两套句法及论元结构，如下例所示：

例 6.7 a.（终于来到盼望已久的首都北京了）咱们今天就好好逛它一天！

b.（忙了这么多天，好久都没玩过了）咱们今天就好好逛它一天！

c.（终于来到盼望已久的首都了）咱们今天就好好逛它一天北京城！

其中的 a、b 两句字面表现形式完全相同，但在不同的语境下却分别体现了上述两类构式，对这些构式的判定要结合语境因素，不能仅在句子内部作分析，Goldberg 似乎未讨论过这种现象，而此处我们拟用关联优选话语解读模式来描述该现象：

话语解读候选项在生成机制中生成的过程以语境调用可及度为首要影响因素，而情景语境又是影响语境可及度的主要因素之一，在 a 句的线性解读过程中，谓语动词“逛”激活的题元分配方案要求由地点名词作其宾语，而仅随其后出现的指示代词“它”完全可以起到指代地点的作用，由于“北京”是新近激活的处所信息，具有较高调用可及度，可以轻松成为“它”的所指，由此构式被判定为 SUBJ V OBJ COMP 类；而对于 b 句，同样当线性解读发展到“它”处时，却没有可调用的语境假设为其分配所指，而随后解读到的“一天”又可以符合另一种“逛”作为不及物动词的题元分配方案，“它”被架空后整句仍能体现构式，表达完整的意义，此时的解读候选项进入评估机制，通过静态制约条件检验后，在涉及关联期待的动态制约条件检验处，由于违反对“每则认知效果的解读努力都不会超常”的期待，导致期待发生动态调整，寻找虚指“它”存在的原因，最终解读停止于对由“它”引发的宣泄义的优选输出，当然随着对“他/它”这一用法的日渐熟悉，也会产生类似语用短路的现象，即当“他/它”的所指无法分配时，其表宣泄义的用法会作为可及度较高的语境假设被激活，直接作为话语意义的一部分融入对整句意义的生成中，由此话语解读便可以一步完成，避免了解读优选项在动态制约条件处引发的期待增生及生成机制中认知效果候选项的二次生成，这一使意义生成过程更为省力的语用短路式解读即将“SUBJ V *ta* OBJ/COMP/…构式义”作为语境假设调用的结果；对c句的线性解读原本与a句相近，然而在解读到“北京城”时，原本分配给“它”的指示对象被取消，“它”的宾语性质被重新分配给“北京城”，“它”的无解导致对SUBJ V *ta* OBJ/COMP/…构式义的激活，由此话语重新得解，其最终句法形式为SUBJ V *ta* COMP OBJ。

从对上述三句的描述可以看出，一方面话语解读的语境可以通过影响假设可及度和假设调用，进而左右对话语构式的判定；另一方面构式义在话语解读过程中所起的作用并不固定，可以处在以下两种情况间的任何中间地位：作为话语字词携带语义的一部分或对话语中字词组合义推理解读的结果；作为预设语境假设在话语义生成过程中被激活，直接用于推理解读。

6.3 总结

本章主要阐述了语用推理的关联优选模式在两大语言层面上的应用，一方面通过该模式对关联理论已涉及的词汇语用学研究对象的重新解释及丰富，增强了交际关联原则对言语现象的解释力度，实现了关联推理应用于词汇语用学时解释概括性与精细性的并重，同时也拓宽了其在该领域的解释范围；另一方面通过描写该模式为论元结构构式研究提供的新视野，说明关联推理在其先前未能涉足的语言研究领域亦可发挥建设性作用，现有研究只能对具体实例中构式原型性的不同体现程度进行描述，而基于关联优选的线性构式分析则可以为该现象提供解释；现有研究对无论句内还是句际（或者说语境中的）层面上“同一句子形式体现不同构式”的现象都没能做出清晰明确的描述，而基于从句子解读角度出发的线性构式分析则可以通过关联优选在对句子解读层面上的应用以及关联优选话语解读模式本身分别对句内和句际意义上同形式不同构式的判定进行描述。

第七章

结 语

7.1 本研究的主要发现

本研究首先从具体操作层面上制约关联理论解释力的因素入手，依次分析了关联期待与说话人意图的不一致、隐义界定的简化、关联解读机制中的多重矛盾等三大问题，在微观层面上明确了关联理论主观性强、可操作性差的根源。

进而详细探讨阐发了关联理论中缺失、排斥以及无视的关联推理三大关键问题——关联期待动态性及其在推理过程中的运作、认知效果性质分类复杂性及其对推理性质的影响、语境假设调用的多元性及其在推理进程中的体现，明确了动态关联期待在话语解读过程中的地位及在关联解读机制中发挥作用的方式、不同认知效果所涉及推理在取材层面、方式、步骤等各方面上的差异、语境假设调用因素的复杂性及各影响因素间的互动。

在上述研究基础上，关联优选推理模式对现有关联推理的优化（也可以说是对关联理论的修正）主要体现在：（1）对语用推理对象的重新界定，从释话人角度出发通过原型范畴概念对言语交际内容进行再描述，解决原有关联推理描写对象简化的问题；（2）对最佳关联假设的底线假设与上限假设分别进行修正，通过将每个假设分层分步具体化的做法避免原佳联假设中概念模糊含混及内部存在矛盾的问题；（3）对关联话语解读机制的再探讨，推翻了它与佳联假设间的被派生与派生关系，将修正后的佳联假设降级为释话人话语解读机制中的子原则，解决二者运作中的脱节问题。

以上述优化关联推理作为理论根基展开的推理模式建构在优选论的研究方法框架下进行，鉴于在线动态推理与静态候选项优选间的冲突，本研究对优选方法作了适当的变通，进而对关联优选推理模式进行建构，主要包括以下几方面：对生成机制内语境假设调用制约条件序列的建构；对评估机制内静态制约条件序列、动态制约条件变化方式及动静态条件间互动关系的描写建构；对生成机制与评估机制间互动关系的描写等。如此建构的关联优选模式不但避免了现有关联推理中存在的若干问题，也提高了关联理论对话语解读的解释力及其可操作性，同时对认知效果候选项生成的有序性、认知效果优选项产出及其性质的判定、认知效果数量的有定性、关联期待的动态满足方式、话语解读的终止位置及各类终止方式等均能做出确切描述，使对关联话语解读的描写更为精细。

最后，在关联优选推理模式的应用方面，由于关联优选模式涵盖了对认知效果性质的描写，因此对词汇语用学的解释力度超越了原关联理论，能够为原理论不能解释的临时词义突变现象及一类特殊的临时词义扩充现象提供解释，同时鉴于关联优选模式的精致性、强可操作性，该模式在词汇语用学领域的运用还做到了原有关联推理难以达到的解释概括性与精细性的并重。此外，本研究还发现关联优选对关联理论未涉足过的论元结构构式研究亦有启示，一方面构式的产生是从无标的句法结构扩展到有标的语词搭配、将无标结构的核心语义赋予同一句法结构的有标体现的过程，从无标到有标的过程涉及处理努力大小的变化，而处理努力的大小可以反映对构式使用的原型性情况；另一方面为同一句子形式赋予不同的句法结构、不同的论元结构需要涉及推理，推理过程中假设调用或推理步骤上的差异等可以反映同形式异构式的情况。通过基于关联优选的线性构式分析，能为构式的原型性研究提供理据，同时也能为构式语法难于解释的、句子语境或情境语境下同一形式体现不同构式的现象提供描写与判定方法。

以上是对本研究要点的分步总结，总体而言，在优化关联推理的基础上建构的关联优选推理模式，与原有关联理论相比，在对语言现象的解读上主要有以下几个进步：

一、通过将话语解读的研究出发点明确限定在释话人角度，解决了原有理论中说话人和释话人角度混淆、存在矛盾的情况。具体来讲，取消从说话人角度出发对“认知效果即说话人意图”的界定，取而代之从释话人角度出发、对各类原型范畴性质的认知效果作了全面描述。由此拓宽了关联语用推理的描写对象，将许多原来意义上关联推理很难甚至不能解释的语言现象，如对说话人刻意语义朦胧等话语的解读，纳入研究范围。

二、通过对原有佳联假设的解构与再建构，解决了它在指导语用推理过程中含混不清、易被偷换概念的问题，使其在应用过程中更清晰明确，在此基础上进一步通过化解佳联假设与关联话语解读机制在解释语用推理时的内部不一致问题，大大降低了主要因素对关联理论解释力的制约，优化了关联推理。

三、通过增加对关联期待动态性及其参与推理的方式、认知效果性质分类复杂性及其对推理性质的影响、语境假设调用的多元性及其在推理进程中的体现的详细描述，使得仅停留在对推理宏观表层描述的原关联话语解读机制，有了细化至对具体每一步推理进行描述的可能，增强了关联推理的精致性、可操作性。

四、关联优选推理模式通过对生成机制与评估机制间互动方式的详细描述，也在很大程度上解开了认知效果与认知努力由于各为变量、相互制约而导致的循环怪圈，认知效果是满足关联期待的必需，期待的动态性，特别是期待增生，在某种意义上是对认知效果与认知努力间相互制约的反映，而实时关联期待对最终获得的认知效果总量的决定则是认知效果与努力间协商达到平衡的体现。

7.2 本研究的不足及有待进一步解决的问题

当然，本研究本身也存在一些问题，而这些问题的存在也为后续研究明确了发展方向，主要体现如下：

一、关联理论虽为假说，却有其认知心理学基础，旨在为语用推理提供具有心理现实性的描述与解释，实验语用学（experimental pragmatics）的应运而生便是为了验证各语用推理理论是否符合人类真实的话语解读过程，且关联理论屡被证实。而本研究是在关联理论基础上的研究，虽然继承了关联理论原有的宏观心理现实性，但在将其具体化到每一步推理的微观操作层面上时，这种现实性是否能保持则难以证明。对此问题，一方面我们认为，本课题采用思辨的方法建构模型，有近似于“假说”类研究的一面，“在研究过程中假说不是从事实归纳出来的，而是为了对观察到的现象和事实做出解释而发明出来的……其使命是要逻辑地而不是事实地再现交际理解现象的特征、规律和本质”（徐盛桓，2002：7～8），这种解释性研究“以其对对象做出的推论的有效性来评价”（Harre，1981：98；转引自徐盛桓，2002），因此即使关联优选模式暂时无法用实证研究、定量分析等方法来验证其心理真实性，也可以通过审视该模型对具体语言现象的解释力的方法来检验其逻辑有效性；另一方面，人类对交际话语的解读是在瞬间进行的，但对一则话语中多重认知效果的推理不可能是同时完成的，即使是瞬间推理，其内部也必然具有先后性，因此等条件成熟、能够用仪器检验各认知效果的瞬间产出顺序时，本研究也可以继承关联理论接受实验语用学检验的理念，用心理实验的结果对照关联优选模式对认知效果产出的分析，验证本研究的心理现实性。

二、本课题以话语解读过程本身作为研究课题，研究的预期对象包含各类言语交际，因此在语料采集方面，它与以具体语言现象为对象的研究有很大不同，难以达到后者所能做到的对语料类型的穷尽性采集，因此以语料分析为一大根基而建构的关联优选推理模式可能存在对某些因素考虑不全面的问题。对于该问题没有一劳永逸的解决办法，我们的观点是，既然通过对实际语言现象的解释可以验证所建构模式的有效性，因此在该课题的后续研究中可以对关联优选推理模式进行更广泛的应用，通过它在对更多语言现象解释中的表现，来检验其内部是否还存在欠考虑的因素，其自身运作机制是否还存在技术性问题等，由此进一步丰富、完善现有模式，同时还能为更多有待研究的语言现象提供描写与解释的新视角、新方法。

三、优选论在音系学中对优选项的输出不涉及任何主观因素，具有严格性、精确性，这是由音系学自身的性质决定的；当优选论应用于涉及人对语言主观使用的语用推理领域时，受语用学自身性质的影响，其严格性、精确性必然受到极大削弱，这是所有语用优选研究（Blutner&Zeevat，2004）的通病，本研究自然也不可避免。由于语境可及度同时受释话人自身因素及动态关联期待的影响，其主观性、不确定性很强，而它又是关联优选推理模式生成机制中决定语境假设调用的最高制约条件，在认知效果候选项生成过程中起到非常重要的作用，因此关联优选模式从一开始就带上了不确定性。然而这种不确定性并不能掩盖优选论在语用研究中的优势，通过对认知效果候选项生成机制、评估机制以及各机制中不同性质制约条件等级序列运作方式的详细界定，关联优选推理模式比原有关联推理在对推理步骤、认知效果产出顺序、推理终止判定等方面的解释说明都要明确得多，可以说优选论在语用推理研究中严格性、精确性的削弱或遗失换取的是语用推理研究较之先前在精细化、可操作性等方面的提升，从这种意义上讲，优选论应用于语用研究领域的这一牺牲也许不足以也不应该被视为弊病，而仅是一种缺憾而已。

四、优选论的研究往往具有类型学的意义，通过对用于优选的制约条件进行不同的轻重等级排序，形成不同的制约条件等级体系，便可以输出符合不同语言要求的合法表达。然而在将优选论借鉴到本研究中后，其类型学的意义是否消失，或是以它种形式存在于某一或某些隐性层面，如对话语意义的线性解读层面，对这类问题的研究也可能为关联优选模式的发展另辟蹊径。

参考文献

[1] Allot, N. 2006. Game theory and communication [A]. In: A. Benz, G. J? ger & R. van Rooij (eds.) *Game Theory and Pragmatics* [C]. New York: Palgrave Macmillan, 123 ~ 151.

[2] Ariel, M. 1990. *Accessing Noun-phrase Antecedents* [M]. London: Routledge.

[3] Arin, M. L. 2003. *Aspect, Tense and Mood: Context Dependency and the Marker LE in Mandarin Chinese* [D]. Lund University.

[4] Bach, K. 2006. The top 10 misconceptions about implicature [A]. In: B. Birner & G. Ward (eds.) *Drawing the Boundaries of Meaning* [C]. Amsterdam: John Benjamins, 21 ~ 30.

[5] Beaver, D. & H. Lee. 2004. Input-output mismatches in OT [A]. In: R. Blutner & H. Zeevat (eds.) *Optimality Theory and Pragmatics* [C]. Hampshire: Macmillan/ Palgrave, 112 ~ 153.

[6] Bever, T. G. 1970. The cognitive basis for linguistic structures [A]. In: J. R. Hayes (ed.) *Cognition and Development of Language* [C]. New York: Wiley, 279 ~ 352.

[7] Blackmore, D. 1992. *Understanding Utterances* [M]. Oxford: Blackwell.

[8] Blakemore, D. 2002. *Relevance and Linguistic Meaning: The semantics and pragmatics of discourse markers* [M]. Cambridge: Cambridge University Press.

[9] Blutner, R. 2000. Some aspects of optimality in natural language interpretation [J]. Journal of Semantics 17: 189 ~ 216.

[10] Blutner, R. 2006a. Optimality Theoretic Pragmatics and the Explicature/ implicature Distinction [A]. In: N. Burton-Roberts (ed.) *Advances in Pragmatics* [C]. Hampshire: Macmillan/Palgrave.

[11] Blutner, R. 2006b. Embedded implicatures and optimality theoretic pragmatics [A]. In: T. Solstad, A. Gr? nn & D. Haug (eds) *A Festschrift for Kjell Johan S? b?* [C]. Oslo: Unipub forlag, 11 ~ 29.

[12] Blutner R. & H. Zeevat. 2004. *Optimality Theory and Pragmatics* [C]. Hampshire: Macmillan/ Palgrave.

[13] Bresnan, J. 1995. Lexicality and Argument Structure [A], In: *Paris Syntax and Semantics Conference* [C]: 1 ~ 27.

[14] Carston, R. 1996. Enrichment and loosening: Complementary processes in deriving the proposition expressed? [J]. UCL Working Papers in Linguistics 8: 205 ~ 232.

[15] Carston, R. 1998. Informativeness, relevance and scalar implicature [A]. In: R. Carston & S. Uchida (eds.) *Relevance Theory: Applications and Implications* [C]. Amsterdam: John Benjamins, 179 ~ 236.

[16] Carston, R. 2002. *Thoughts and Utterances: the Pragmatics of Explicit Communication* [M]. Malden: Blackwell.

[17] Carston, R. & S. Uchida. 1998. *Relevance Theory: Applications and Implications* [C]. Amsterdam: John Benjamins.

[18] Carroll, S. E. 1995. The irrelevance of verbal feedback to language learning [A]. In: L. Eubank, L. Slinker & M. Sharwood (eds.) *The Current State of Interlanguage: Studies in Honor of William E. Rutherford* [C]. Amsterdam: John Benjamins, 73 ~ 88.

[19] Chapman, S. & C. Routledge. 1999. The pragmatics of detection: Paul Auster's City of Glass [J]. *Language and Literature*8: 241 ~ 253.

[20] Clark, B. 1996. Stylistic analysis and relevance theory [J]. *Language and Literature*5: 163 ~ 178.

[21] Cummings, L. 1998. The scientific reductionism of relevance theory: the lesson from logical positivism [J]. *Journal of Pragmatics*29: 1 ~ 12.

[22] Curl, T. S., J. Local & G. Walker. 2006. Repetition and the prosody-pragmatics interface [J]. *Journal of Pragmatics*38: 1721 ~ 1751.

[23] Davis, W. A. 2005. Implicature. Entry in*Stanford Encyclopedia of Philosophy* [Z]. http://plato.stanford.edu/entries/implicature/#3

[24] Escandell, V. 1996. Towards a cognitive approach to politeness [J]. *Language Sciences*18: 629 ~ 650.

[25] Escandell, V. 1998. Politeness: A relevant issue for relevance theory [J]. *Revista Alicantina de Estudios Ingleses*11: 45 ~ 57.

[26] Firth, J. R. 1957. *Papers in Linguistics* 1934 ~ 1951 [M]. London: Oxford University Press.

[27] Foster-Cohen, S. H. 2004a. Relevance theory and second language learning/ behaviour [J]. *Second Language Research*20: 189 ~ 192.

[28] Foster-Cohen, S. H. 2004b. Relevance theory, action theory and second language communication strategies [J] . *Second Language Research*20: 289 ~ 302.

[29] Giora, R. 1997. Discourse coherence and theory of relevance: Stumbling blocks in search of a unified theory [J] . *Journal of Pragmatics*27: 17 ~ 34.

[30] Giora, R. 1998. Discourse coherence is an independent notion: A reply to Deirdre Wilson [J] . *Journal of Pragmatics*29: 75 ~ 86.

[31] Givon, T. 1985. Iconicity, isomorphism and non-arbitrary coding in syntax [A] . In J. Haiman (ed.) *Iconicity in Syntax* [M] . Amsterdam: John Benjamins, 187 ~ 219.

[32] Givon, T. 1993. *English grammar: a function-based introduction* II [M] . Amsterdam: John Benjamins.

[33] Goatly, A. 1994. Register and the redemption of Relevance Theory: the case of metaphor [J] . *Pragmatics*4: 139 ~ 181.

[34] Goldberg, A. 1995. *Constructions: a Construction Grammar Approach to Argument Structure* [M] . Chicago: The University of Chicago Press.

[35] Grice, H. P. 1975. Logic and Conversation [A] . In: P. Cole & J. L. Morgan (eds.) *Syntax and Semantics volume* 3: Speech Acts [C] . New York: Academic Press, 41 ~ 58.

[36] Gutt, E. A. 1991. *Translation and Relevance: Cognition and Context* [M] . Oxford: Blackwell.

[37] Hamamoto, H. 1998. Irony from a cognitive perspective [A] . In: R. Carston & S. Uchida (eds.) *Relevance Theory: Applications and Implications.* Amsterdam: John Benjamins, 257 ~ 270.

[38] Horn, L. R. 1984. Toward a new taxonomy for pragmatic inference: Q-based and R-based implicature [A] . In: D. Schiffrin (ed.) *Meaning, Form and Use in Context: Linguistics Applications* [C] . Washington, DC: Georgetown University Press, 11 ~ 42.

[39] Horn, L. R. 1992. Pragmatics, implicature and presupposition. Entry in Bright (ed.) *International Encyclopaedia of Linguistics* [Z] . Oxford: Oxford University Press, 260 ~ 266.

[40] House, J. 2006. Constructing a context with intonation [J] . *Journal of Pragmatics*38: 1542 ~ 1558.

[41] Huang, Yan. 2001. Reflections on theoretical pragmatics [J] . 外国语 (1): 2 ~ 14.

[42] Jary, M. 1998. Relevance theory and the communication of politeness [J] . *Journal of Pragmatics*30: 1 ~ 19.

[43] Kager, R. 1999. *Optimality Theory* [M] . Cambridge: Cambridge University Press.

[44] Kotthoff, H. 2006. Pragmatics of performance and the analysis of conversational humor [J] . *Humor*19: 271 ~ 304.

[45] Leech, G. 1981. *Semantics* [M] . Harmondsworth: Penguin.

[46] Leech, G. 1983. *Principles of Pragmatics* [M], London: Longman.

[47] Levinson, S. C. 1983. *Pragmatics* [M] . Cambridge: Cambridge University Press.

[48] Levinson, S. C. 1987. Minimization and conversational inference [A] . In: J. Verschueren and P. Bertuccelli (eds.) *The Pragmatic Perspective* [C] . Amsterdam: John Benjamins, 61 ~ 129.

[49] Levinson, S. C. 1989. A review of Relevance [J] . *Journal of Linguistics*25: 455 ~ 472.

[50] Levinson, S. C. 2000. *Presumptive Meanings: the Theory of Generalized Conversational Implicature* [M] . Cambridge, Mass. : MIT Press.

[51] Littlejohn, S. W. 1999. *Theories of Human Communication* [M] . Belmont et al: Wadsworth Publishing Company.

[52] Lyons, J. 1977. *Semantics* [M] . Cambridge: Cambridge University Press.

[53] MacKenzie, I. 2002. *Paradigms of Reading: Relevance Theory and Deconstruction* [M] . Hampshire: Palgrave.

[54] Martinet, A. 1962. *A Functional View of Language* [M] . Oxford: Clarendon Press.

[55] Matsui, T. 1998. Assessing a scenario-based account of bridging reference assignment [A] . In: R. Carston & S. Uchida (eds.) *Relevance Theory: Applications and Implications* [C] . Amsterdam: John Benjamins, 123 ~ 159.

[56] Mey, J. L. 1993. *Pragmatics: An Introduction* [M] . Oxford: Basil Blackwell.

[57] Mey. J. & M. Talbot. 1988. Computation and the soul [J] . *Journal of Pragmatics*12: 743 ~ 789.

[58] Noveck, I. A. 2004. Pragmatic inferences linked to logical terms [A] . In: I. A. Noveck & D. Sperber (eds.) *Experimental Pragmatics* [C] . Basingstoke: Palgrave/ Macmillan, 301 ~ 321.

[59] Noveck, I. & D. Sperber. 2007. The why and how of experimental pragmatics: The case of 'scalar inferences' [A] . In: N. Burton-Roberts (ed.) *Pragmatics* [C] . Basingstoke: Palgrave, 184 ~ 212.

[60] Papafragou, A. 1995. Metonymy and relevance [J] . *UCL Working Papers in Linguistics*7: 141 ~ 175.

[61] Pietarinen, A. 2005. Relevance theory through pragmatic theories of meaning [A] . *Proceedings of the XXVII Annual Meeting of the Cognitive Science Society* [C] . Alpha: Lawrence

Erlbaum, 1767 ~ 1772.

[62] Prince, A. & P. Smolensky. 1993. *Optimality Theory: Constraint Interaction in Generative Grammar* [M]. University of Colorado.

[63] Ritchie, D. 2005. Frame-shifting in humor and irony [J]. *Metaphor and Symbol*20: 275 ~ 294.

[64] Rouchota V. & A. Jucker. 1998. *Current Issues in Relevance Theory* [M]. Amsterdam: John Benjamins.

[65] Smith, N. V. 1990. Observations on the pragmatics of tense [J]. *UCL Working Papers in Linguistics*2: 82 ~ 94.

[66] Sperber, D. & D. Wilson. 1986/1995. *Relevance: Communication and Cognition* [M]. Oxford: Blackwell.

[67] Sperber, D. & D. Wilson. 1996. Fodor's frame problem and relevance theory [J]. *Behavioral and Brain Sciences*Vol. 19: 529 ~ 532.

[68] Sperber, D. & D. Wilson. 2006. A deflationary account of metaphors [J]. *UCL Working Papers in Linguistics*18: 171 ~ 203.

[69] Talbot, M. 1998. Relevance [A]. In: J. Mey & R. Asher (eds.) *Concise Encyclopedia of Pragmatics* [C]. Elsevier: 775 ~ 778.

[70] van Rooy, R. 2004. Relevance and bidirectional OT [A]. In: R. Blutner & H. Zeevat (eds.) *Pragmatics in Optimality Theory* [C]. Hampshire: Palgrave/Macmillan, 173 ~ 210.

[71] Verschueren, J. 1999. *Understanding Pragmatics* [M]. Beijing: Foreign Language Teaching and Research Press.

[72] Wilks, Y. 1986. Relevance and beliefs [A]. In: T. Myers. K. Brown & B. McGonigle (eds.) *Reasoning and Discourse Processes* [C]. London: Academic Press, 265 ~ 289.

[73] Wilson, D. 1998. Discourse, coherence and relevance: A reply to Rachel Giora [J]. *Journal of Pragmatics*29: 57 ~ 74.

[74] Wilson, D. 1999. Relevance and relevance theory. Entry in R. Wilson & F. Keil (eds.) *MIT Encyclopedia of the Cognitive Sciences* [Z]. MIT Press, Cambridge MA: 719 ~ 22.

[75] Wilson, D. 2004. Relevance, word meaning and communication: the past, present and future of lexical pragmatics [J]. *Modern Foreign Languages*1: 1 ~ 13.

[76] Wilson, D. 2006. Lexical pragmatics and the literal-figurative distinction (handout 3) [Z]. 广东外语外贸大学：全国语用学讲习班及研讨会内部材料, 10 ~ 17.

[77] Wilson, D. & D. Sperber. 1993. Linguistic form and relevance [J]. *Lingua*90:

1 ~ 25.

[78] Wilson, D. & D. Sperber. 1998. Mood and the analysis of non-declarative sentences [A]. In: A. Kasher (ed.) *Pragmatics: Critical Concepts Vol. II* [C]. London: Routlege, 262 ~ 289.

[79] Wilson, D. & D. Sperber. 2002. Truthfulness and relevance [J]. *Mind*111: 583 ~ 632.

[80] Wilson, D. & D. Sperber. 2004. Relevance theory. Entry in G. Ward and L. Horn (eds.) *Handbook of Pragmatics* [Z]. Oxford: Blackwell, 607 ~ 632.

[81] Wilson, D. & T. Wharton. 2005. Relevance and prosody [J]. *UCL Working Papers in Linguistics*17: 427 ~ 454.

[82] Yoshihiko, K. 2005. The mental space structure of verbal irony [J]. *Cognitive Linguistics*16: 513 ~ 530.

[83] Yus, F. 1998. A decade of Relevance Theory [J]. *Journal of Pragmatics*30: 305 ~ 345.

[84] Zeevat, H. 2000. The asymmetry of optimality theoretic syntax and semantics [J]. Journal of Semantics (17): 243 ~ 262.

[85] Zegarac, V. 1993. Some observations on the pragmatics of the progressive [J]. *Lingua*90: 201 ~ 220.

[86] Zipf, G. K. 1949. *Human Behaviour and the Principle of Least Effort* [M]. Cambridge, MA: Addison-Wesley Press.

[87] 董燕萍、梁君英. 2002. 走近构式语法 [J]. 现代外语 (2): 142 ~ 152.

[88] 冯志伟. 2003. 花园幽径句的自动分析算法 [J]. 当代语言学 (4): 339 ~ 349.

[89] 冯志伟、许福吉. 2002. 花园幽径句初探 [EB/OL]. http: //www. colips. org/conference/icicsie2002/papers/FengZhiwei. doc

[90] 何自然、冉永平. 2001. 导读. In: D. Sperber & D. Wilson,《关联性: 交际与认知》[M]. 北京: 外语教学与研究出版社, F23 ~ F38.

[91] 何自然、吴亚欣. 2004. 关联理论是一种"因错而'对'"的理论吗? [J]. 现代外语 (1): 89 ~ 96.

[92] 侯国金. 2003. 动态语境与语境洽商 [J]. 外语教学 (1): 22 ~ 26.

[93] 黄华新、胡 霞. 2004. 认知语境的建构性探讨 [J]. 现代外语 (3): 248 ~ 254.

[94] 纪云霞、林书武. 2002. 一种新的语言理论: 构块式语法 [J]. 外国语 (5): 16 ~ 22.

[95] 姜望琪. 2001. 关联理论质疑 [J]. 外语研究 (4): 26 ~ 31.

[96] 姜望琪. 2002. 再评关联理论——从"后叙"看 Sperber 和 Wilson 对关联理论的

修改［J］．外语教学与研究（5）：301～308.

［97］蒋严．2002. 论语用推理的逻辑属性——形式语用学初探［J］．外国语（3）：18～29.

［98］蒋勇、马玉蕾．2003. SB与RT的整合性研究［J］．外语学刊（1）：31～36.

［99］郎天万、蒋勇．2002. SBT和RT在语用三角模型中的兼容性和互补性研究［J］．四川外语学院学报（6）：76～80.

［100］李兵．1998. 优选论的产生、基本原理及应用［J］．现代外语（3）：71～91.

［101］李冬梅．2002. 近十年来关联理论在中国的研究［J］．四川外语学院学报（2）：102～105.

［102］李淑静．2001. 英汉语双及物结构式比较［J］．外语与外语教学（6）：12～14.

［103］廖巧云．2005. C-R-A模式：言语交际的三维阐释［D］．上海外国语大学．

［104］陆俭明．2004. 词语句法、语义的多功能性：对“构式语法”理论的解释［J］．外国语（2）：15～20.

［105］马秋武、王嘉玲．2001. 导读．In：R. Kager,《优选论》［M］．北京：外语教学与研究出版社，F24～F39.

［106］曲卫国．1993. 也评“关联理论”［J］．外语教学与研究（2）：9～13.

［107］曲卫国．2005. 论关联理论推理框架中的关联期待［A］．外国语言文学论丛（秋季刊）［C］．上海：复旦大学出版社．

［108］沈家煊．2000. 句式和配价［J］．中国语文（4）：291～297.

［109］石毓智．2004. 汉英双宾结构差别的概念化原因［J］．外语教学与研究（2）：83～89.

［110］冉永平．2002. 论关联理论的社会维度［J］．外国语（3）：30～36.

［111］冉永平．2004. 言语交际的顺应—关联性分析［J］．外语学刊（2）：28～33.

［112］冉永平．2005. 词汇语用学及语用充实［J］．外语教学与研究（5）：343～350.

［113］谭弘剑、刘绍忠．2002. 近年来国外语境研究综述［J］．四川外语学院学报（6）：106～110.

［114］熊学亮．1996a. 单向语境推导初探（上）［J］．现代外语（2）：1～4.

［115］熊学亮．1996b. 单向语境推导初探（下）［J］．现代外语（3）：15～19.

［116］熊学亮．1999a. 认知语用学概论［M］．上海：上海外语教育出版社．

［117］熊学亮．1999b. 认知语境的语用可及程度分析［J］．外国语（6）：17～23.

［118］熊学亮．2005. 对关联理论中逻辑的思考［J］．外语与外语教学（10）：1～6.

［119］熊学亮．2006. 试论对关联期待的放弃［J］．天津外国语学院学报（3）：1～6.

［120］熊学亮．2007a. 语言使用中的推理［M］．上海：上海外语教育出版社．

［121］熊学亮．2007b. 英汉语双宾构式探析［J］．外语教学与研究（4）：261～267.

［122］熊学亮、杨子．2007a. 试论关联期待的三种运行方式［J］．外语与翻译（1）：9～14.

［123］熊学亮、杨子．2007b. 关联期待的动态性及其对语用推理的启示［J］．重庆大学学报（社会科学版）（1）：112～117.

［124］许力生．2006. 语言学研究的语境理论构建［J］．浙江大学学报（人文社会科学版）（4）：158～165.

［125］徐盛桓．2002. 关联原则与优化思维——关联理论的阐释与献疑［J］．外国语（3）：2～10.

［126］徐盛桓．2007. 相邻关系视角下的双及物句再研究［J］．外语教学与研究（4）：253～260.

［127］严辰松．2006. 构式语法论要［J］．解放军外国语学院学报（4）：6～11.

［128］杨春时．2002. 文学理论：从主体性到主体间性［J］．厦门大学学报（哲学社会科学版），（1）：17～24.

［129］杨春时．2006. 本体论的主体间性与美学建构［J］．厦门大学学报（哲学社会科学版）（2）：5～10.

［130］杨平．2001. 关联—顺应模式［J］．外国语（6）：21～28.

［131］张伯江．1999. 现代汉语的双及物结构式［J］．中国语文（3）：175～184.

［132］张伯江．2000. 论“把”字句的句式语义［J］．语言研究（1）：28～40.

［133］张韧弦、刘乃实．2004. 语境推导模式的“单向”到“整合”——. 兼评熊学亮的单向语境推导模式［J］．现代外语（4）：419～423.

［134］张亚非．1992. 关联理论述评［J］．外语教学与研究（3）：9～16.

［135］曾衍桃．2006. 词汇语用学引论［J］．外语学刊（5）：59～64.

后 记

本书稿在笔者博士论文基础上整理而成，从选题到定稿再到付梓成书，历时四载有余，欣慰之余感激之情溢于言表。首先要感谢让我有机会踏入复旦校门、攻读博士学位的恩师熊学亮教授，三年来导师的渊博学识、敏锐思维、深刻见解让我受益匪浅，本论文从选题到定稿，每一步都是在导师的指导下完成的，倾注了导师大量的心血。其次，本文在送审及答辩过程中收到了多位名师名家及复旦大学多位教授学者的指导和帮助，他们的批评建议、指点迷津使得本文能够更为完整严谨。此外，我还要感谢北京科技大学外国语学院的各位领导，正是他们对年轻教师学术研究的大力支持才使得这本书稿有机会出版。同时我也要向硕士阶段的导师于国栋教授和师母吴亚欣教授道一声感谢，这些年来无论他们身处国内还是大洋彼岸，都一如既往的关心着我的学业与生活，令我不胜感激；还要感谢多年来同学、朋友们对我的关心帮助，以及父母家人对我的一路扶持。

当然，笔者深知语用推理领域之深奥以及自己学识能力之有限，书中难免存在疏漏或谬误之处，恳请各位专家读者批评指正，不吝赐教。

杨子

2010年10月